もう、無理

間違いだらけの会社選び

株式会社アルバトロス代表取締役
退職代行モームリ代表
谷本慎二

内外出版社

はじめに

厚生労働省の調査によると、20代の平均転職回数は1〜2回。少なくとも20代のうちに1回は退職・転職経験をすることになります。

離職理由はさまざまでしょう。

「給与・待遇がよくなかった」「人間関係が悪かった」といったものから「会社のパワハラ体質に耐えられなかった」という深刻なものもあると思います。

では、次の転職先を選ぶ際どんなポイントに気を付ければよいのでしょうか。

はじめまして。

『退職代行モームリ』を運営する株式会社アルバトロス代表取締役の谷本慎二と申します。もしかしたらネットニュースやSNSなどで名前だけは聞いたことがある人もいるかもしれません。

私はこれまで、延べ3万件の退職代行に携わってきました。

多くの相談を受けるにつれ、「社会にはこれほどまでに労務関係で悩んでいる人がいるんだ」との認識を新たにしたものです。

と同時に、こんな会社を選んではマズイという会社の共通点が見えてくるようになりました。

退職代行サービスを立ち上げた経緯

そもそも私がなぜ、退職代行サービスを起業したのか。

自分語りをするつもりは毛頭ないのですが少しだけ、私の経験をお話しします。

当時の私は就職活動を甘く見ており、どんな企業も一緒だろうという思いで大学卒業後、安易にチェーン展開をしているカラオケ店に就職を決めました。

「この仕事がしたい」というよりも「どんな職場でも若いときは何事も経験だ」「まずどんな会社であったとしても、3年間は本気で仕事をしてみよう」という気持ちでキャリアをスタートさせたのです。

最初に任されたのはカラオケの店長業務。サービス業だったため、ある程度予想はしていましたが、なかなかに勤務は過酷でした。

シフトを組んでも人がいなければ自分が出勤するのは当たり前。しかもカラオケは24時間営業のため、昼も夜もぶっ通しで勤務することもザラにありました。

ただ、若さもあったのでしょう。店長業務をこなすにつれ、店舗の売上を125％アップさせ、会社での評価も上昇。いわゆるスピード出世を果たしていったのです。複数店舗のマネジメントを任されるようになり、どうすれば現場が動いてくれるのかもこのときに学びました。

3年と決めたものの上司にも可愛がってもらい、結局10年勤務し、退社の運びとなりました。


10年の間には精神的・肉体的に追い詰められることもありました。

「もうやめよう」と思ったことも1度や2度ではありません。

しかし、あのときがむしゃらに仕事に邁進《まい》できたこと、何よりどんな困難が来ても乗り越えられる胆力が備わったことを考えると、決して無駄ではなかったと思うのです。

これからキャリアを積む人にこそ、読んでほしい

現在私は50名オーバーの仲間たちと一緒に働いていますが、多くの社員を抱えてもなおマネジメントができるのは、間違いなくカラオケ店でさまざまな人とコミュニケーションをとり、マネジメントを学んだからです。

あのとき得た経験は間違いなく、後から効いてくるものです。

といってもみなさんにあの激務を体験しなさい！　とは言えませんし、本書はそんなことを伝える本ではありません。

やはり、ブラックと言われる企業に身を置いて働くと身も心もボロボロになってしまいます。それは、努力とは別物です。

自分の能力を活かせる企業でなるべく長く働くためにはどんなポイントに注目すればよいのか、私なりにまとめてみたのが本書になります。

この本が、これから社会人としてのキャリアを積むみなさんの一助になれたら幸いです。

目次

第2章 ネットでわかる会社情報から見極める！ ―条件編―

第3章 人物から見極める！ ―人間関係編―

第4章 環境・制度から見極める！ ―職場編―

第５章 面接・説明会から見極める！ ―入社直前編―

第6章　企業体質から見極める！ ―時間編―

第7章　コンプライアンスから見極める！ ―ジェンダー編―

第8章 〝今〟知っておきたい退職代行のこと

第１章

退職が当たり前の時代がやってきた！

新卒の3人に1人は3年以内に退職する

2023年に厚生労働省が発表した調査によると、新卒学生の3人に1人が3年以内に退職する、いわゆる早期離職の現状が明らかになりました。

就職氷河期世代からすると、まず考えられない行動かもしれませんが、実際退職代行をしている私たちは「若手が離職するのは当たり前」という感覚を持っています。

長い不況により会社が新入社員を採用しない時代が続き、それと並行する形で日本は少子高齢化に突入。現在はまさに会社が人材を取り合い、一方社員からすると「**会社を選べる**」時代になりました。

労働者からすれば、1社目で失敗してもチャンスがつかめる時代になった、とも言えるかもしれませんが、私は少し違った感想を持っています。

早期離職するすべての人がそうだ、とは言いませんが、多くの人が将来どんなポジションに就きたいか。ひいては、会社員としてどんなキャリアを積みたいか、あまり考えずに職を離れている気がしています。

「自分のやりたい仕事ではなかった」「給料の上がり幅が予想より悪かった」「上司が自分を評価してくれない」「残業がきつい。ワークライフバランス重視で働きたい」などなど……。

退職代行の相談窓口にも、そんな退職動機が聞かれることが度々あります。

たしかに、そうした声は本音なのでしょう。

しかし、です。数日や数か月の社会人経験で自分を評価してくれる会社は果たしてあるのでしょうか？　自分のやりたい仕事をいきなり任せられる、そんなことがあるのでしょうか？

私は「**ない**」と考えています。

それはどんなに優秀だろうが、学歴が高い人だろうが同じです。社会人としてのスキルは、会社経験をしなければ身に付かない**実戦スキル**だからです。

だからこそずっと会社員として働きたいのなら、どんなスキルを身に付けるべきか、自分の得意なことは何かを頭に入れたうえで仕事をしたほうがよいでしょう。

一方、起業を視野に入れている場合であっても、それは同じ。会社員経験は積んだほうがよいと思います。

起業して事業が拡大していけば、必ずどこかで組織やマネジメントの問題にぶつかります。その問題を自分自身で体験しておくことは、今後の経営に大いに役立つでしょう。

少し話が逸れましたが、ぜひ覚えておいてほしいのは「**やみくもに今の仕事を辞めない**」ことです。

退職代行を経営している私としては矛盾しているかもしれませんが（笑）、それでもぜひ、辞める前に何か他の手立てを考えてほしいのです。

例えば部署異動を願い出る、現場を変えてもらう、上司に自分の思いをぶつける、などなど……。できることをすべてやってもなお、難しいと感じるなら、あるいは「ここで働くイメージが湧かない」なら、退職を検討してもよいと思います。

今の時代にはそぐわないと感じるかもしれませんが、**石の上にも3年**という言葉があります。３年業務を経験すると、自分の特性や今いる会社の内部にある課題、あるいは商的流通など、あらゆることを学べます。

それでも人間関係がつらい、業務が合わないと感じる場合は退職という形をとってもよいでしょう。また、今の会社にいても自身の成長につながらない、現状の労務環境があからさまに法律にそぐわない場合も退職をするべきかもしれません。

ただし、長く会社にいることのメリットもまた、感じていただければと思います。

日本人の退職に対する考え方はおかしい？

２０２２年に法人を立ち上げてから通算３万件、多くの人の退職代行に携わってきました。コロナ禍を経て感じるのは、退職しづらい会社が多くあることです。

「退職代行を使うなんて、心が弱い証拠なんじゃないの？」「働いていた側にも問題があるのでは？」と思う人もいるかもしれません。

しかし、依頼者の実に約８割が、精神的に追い込まれてやむを得ず退職代行を使っている現状があります。ではなぜそんな状況に追い込まれてしまうのか。私は大きく分けて３つの理由があると考えています。

１つ目は、日本は**労働者に比べて会社の力が強い**ことが挙げられます。

海外は総じて労働者と会社とが対等で、労働者に対して不利益があればストライキなどを行使しますが、令和の時代、日本の労働者はそのような争議に出ることはほとんどありません。

昭和の時代と異なり、先行き不透明な将来を案じて、「なるべく穏便に済ませたい」という意識があるのかもしれません。コロナによってその傾向はますます高まったとも考えられます。

そうしたベースを持ちながら会社の就業規則に沿って働くわけですが、勤務するうち就業規則が当たり前となり、たとえ厳しい労働環境に置かれたとしてもそれが普通になってしまうのです。

「みんながやっているから自分も頑張る」そんな意識も生まれるでしょう。本来は就業規則よりも法律が優先されるのですが、就業規則がすべてだと思い込んでしまい、退職を言い出せない人も多くいます。

2つ目は、**退職についての法律知識が少ない**ことが挙げられます。

世界No.1求人検索エンジン「Indeed（インディード）」の日本法人であるIndeed

Japan株式会社が実施した、転職に関する意識調査によると、転職をしたことがある人は約６割となっています。

転職経験＝退職経験でもあるわけですが、残念ながら退職に関する知識はほとんどの人が身に付けていません。学校や会社で教わることもなく、知識を得るのはもっぱらネットやＳＮＳ。実際退職をしたければ、今いる会社の規則に従うか、上司・先輩に聞くしかありません。

そのため、「退職は勤務開始から1年間はできない」というような無茶な就業規則があったとしてもそれを信じ、悩んでしまうのです。

退職は労働者に認められた権利です。

しかし、日本人の多くはその権利をうまく活用できていません。

例えば、依頼者から「退職日の1か月前までに退職意思を伝えなければ退職ってできないんですよね？」という質問をよくもらいます。

しかし、即日退職することに違法性はありません。会社が認めれば即日退職も可能なのです。

依頼者にそう答えると「ええっそうなんですか？」と半信半疑な人が大勢います。

このように、退職に関する法律知識が乏しいために、悩んでしまう人がとにかく多いのです。

3つ目は、日本人の**謙虚な国民性**が挙げられます。

海外の人は明確に自己主張ができるのに対し、日本人はどうしても自分の考えを言わないことが美徳とされています。

マナーやモラルを重視する傾向が強いため、「今の時期は忙しいから私が辞めたら迷惑がかかってしまう」「新しい人が入ってくるまではつらくても頑張ろう」という意識も持ちやすいと感じます。

私がこのことに気づいたのは、海外の取材を受けてからです。

初めて受けた海外の取材では、退職代行を「日本のユニークでクレイジーなサービス」と紹介されました。

海外の人からすると「なんで日本人は自分の思ってることが言えないの?」「退職なんて当たり前のことなんだから自分で伝えられるよね?」と、純粋に不思議なのでしょう。

現在20代のいわゆるZ世代は特に自己主張が苦手で、人と争わない志向を持っている人も多いため、退職を言い出せない傾向が強いのだと思います。

そういう意味でも、退職代行はまさに日本人のためにあるサービスと言ってもいいのかもしれません。

「いつ辞めたらいいのか」退職のタイミング

日本人の特性と時代にマッチした退職代行ですが、依頼者からよく聞かれるのが「いつ辞めたらいいですか」という相談です。

その際私は、「自分が辞めたいと思ったときが辞めどきですよ」と伝えています。

会社を辞めるタイミングは、人それぞれです。代表的なタイミングを挙げてみると、次のようなものがあります。

■自己成長に限界を感じたとき

さまざまな部署を経験し、一般社員から係長、課長、部長とキャリアアップを果たし、この会社でこれ以上続けても自分の成長が見込めない。ここでの仕事はやり切った。そう感じた人たちはさらなる成長を目指して、会社を離れ新たなステージへと進みます。

■会社との方向性の違いが生まれたとき

会社のビジョンや社風、カルチャーに魅力を感じて入社したものの、事業の成長とともに社員が増え、会社の方針も大きく変わり、次第に価値観の違いが生じてきたときです。

特にスタートアップやベンチャー企業などでは、よく経験することだと思います。

■健康上の問題が発生したとき

長時間労働や周囲との人間関係により、過労や健康問題が深刻化したときです。

この場合は、専門の医師に診断してもらって、退職申請か、もしくは休職申請を提示しましょう。数か月や数年そのまま放置しておくと、生命を脅かされる危険性があります。

■待遇や福利厚生を十分受けられるタイミングのとき

少し理由は異なりますが、待遇や福利厚生を十分受けられるタイミングで辞めるのも、ひとつの辞めどきです。

この場合チェックするのは、次のポイントがあります。

・「ボーナス支給日」「年1回の昇給」を考慮し、それらが受けられる日程を選ぶ
・退職金制度の支給条件を確認し、もらえる日時を選ぶ
・残っている有給休暇を消化した後に退職する
・退職後、社会保険が会社と折半となる月末に辞める

上司や人事部に、いつ伝えればよいか。法律上だと原則、退職する2週間前に申し出れば問題なく退職できます。

しかし、ボーナスを支給された後すぐに退職を伝えると、心象としては極めてよくありません。その会社との関係性が悪くなる危険もはらみます。できれば、ボーナスを支給されてから1か月ぐらい働いた後に退職の話を切り出すのがよいでしょう。

なお、このように「いつ辞めるのがよいか」を聞いてくる人の中には、辞めた後の仕事が見つかりやすい時期を知りたいという人もいます。

しかし結論から言えば、再就職（転職）に最適な時期はありません。どの時期も変わらない、というのが答えです。

3月・4月の求人数は1年の中でも最も多い時期ですが、退職者もそのシーズンは増えるので、好条件の求人に応募が集中します。その結果、採用市場は、求人数が少なくてもライバルの求職者がほとんどいない他の月と変わらないことになります。

このように退職後の採用市場は通年で見るとどこも変わらないため、自分が納得できる辞め方ができれば、それが後悔しない退職につながるでしょう。

100%完璧な会社なんてない！

退職代行サービスを始めてから、世の中には本当にいろいろな会社があると感じています。

依頼者から話を聞くと、人材不足で現場が回らず、ずっと疲弊したまま仕事をしていたケースや、職場の人間関係がうまくいかず、ストレスが限界に達してしまったケースなど、似たような相談はあるものの、ひとつして同じ悩みはないと感じます。

ただ、サービスを開始してから、ひとつ思うことがあります。

それは「**非の打ちどころがない完璧な会社なんてない**」ことです。

もちろん、パワハラやセクハラといったハラスメントがあるにもかかわらず、そのまま改善しないような会社は論外ですし、課題の多い会社の肩を持つつもりもないのですが、それでも人を雇用して経営する会社という組織である以上、課題はつきものでもあります。

「給料が安い」「休みが少ない」「希望した業務になかなか就けない」「評価が低い」などなど、挙げればきりがありません。

私が前職で勤めていた会社も、私にとってはやりがいもありましたが、その分求められるものも多く、常に「責任が重いな」と感じながら仕事をしていました。

しかし、これはどの会社に行っても同じです。

「給料はいいけど、その分めちゃくちゃハード」だったり、「上司と馬が合わない」

とか「業務に無駄な工程がある」という問題はどこでも発生するからです。完璧な人がいないように、会社もまた完璧はないのです。

これから会社選びをする際、このことは頭に入れておく必要があるでしょう。

では、そうした会社とどう付き合っていけばよいのか。

ポイントは3つあります。

1つ目は、**自分の人生の優先順位は何かを知っておく**ことです。

例えば、自分にとってお金を稼ぐことが一番大事なのであれば、それ以外のものは重要視しない。「○○円だけもらえるなら、きつくても頑張るか」など、自分で納得できるでしょう。

2つ目は、会社で起こり得るトラブルに対して、**自分がどれだけ許容できるか知っておく**ことです。

例えば「人間関係が苦手で、ちょっとのこともすぐストレスになる」のであれば、極端ですが日常的に密なコミュニケーションをとる必要がない、動画編集等のクリエイティブな仕事を選択すればよいのです。

あるいは、在宅でできるIT関係の仕事であれば必要最低限のコミュニケーションで足りるため、自分に合った働き方ができるでしょう。

３つ目は、**会社に対する期待値を上げない**ことです。具体的には50％未満にするとよいでしょう。

「50％未満って少なくないですか？」と驚く人もいるかもしれませんが、人間、勝手なもので期待値を上げれば上げるほど、それが裏切られたとき、反動で物事を嫌いになることがあります。

そうならないために、あえて期待値を下げておくのです。

会社のことで当てはめると、入社前が最も会社に対して期待値が高まっている状態です。

しかし入社後、業務や制度、カルチャー、人間関係などでどんどんその値が下がっていき、最終的に「もう、無理」状態になってしまうのです。

私の経験上からも、会社の期待値を50％以上にしてしまうと、「こんなはずじゃなかった」「他の会社のほうがもっといいのかも」と悪いところ探しが始まってしまいます。それは会社にとっても、そして自分にとっても不幸な結果しか生みません。

「完璧な会社はどこにもない」と思い定めることができたら、そこからまた会社を見る目はきっと変わってくると思います。

自分としっかり向き合い、自分を知る

前項では、完璧な会社なんてないと理解したうえで、自分の身の振り方を考えていきましょうとお伝えしました。ただ、自分の考え方や理想の働き方というのもまた、年数を追うごとに変わっていくものです。

代表的な例で言えば、結婚して子どもができれば今までのように残業も休日出勤もオールOK！　みたいな働き方は、現実的に難しくなります。そうなれば、「時短勤務で働きたい」「子どもが2歳になるまでは仕事をセーブしながら働きたい」というように考え方も変わるでしょう。

あるいは、飲食店でずっと働いてきたけれど、「違う世界でも働いてみたい」と転職を考えて、デスクワークの業務に就くこともあるでしょう。

今の時代、就職氷河期とは全く異なり、転職容認の世の中になりました。

だからこそ、自分としっかり向き合うことがより大事なのです。さらに言えば、**自分の長所に気づいて、それを仕事に活かす**ことが必要となるのです。

実は、そうした気づきは、自分に目を向けていると自ずと発見できるものです。

例えば、「私はいくらでも人の話を聞くのが苦にならないし、どんな嫌な話もずっと聞いていられる」人が知人でいました。彼女は、そうした自身の特性を活かして接客業に従事。経験豊富なこともあり、現在もお店の中心メンバーとして働いています。

一方、ずっと会社員を続けていた30代男性。会社にいた頃からバナー制作やチラシ作成といったデザインの仕事を得意としていました。

「もっと自分の得意なことを伸ばしたい」とデザイン制作会社に未経験ながら入社。給料は下がりましたが、やりたいことがやれている安心感から、現在はデザイナーとして活躍しています。

この2人は、「人と比べて〇〇だから」とか、「苦手を克服しよう」と思って飛び込んだのではありません。自分の良さを客観的に見つめた結果、強みを見つけ、市場で活かすことのできた好例だと思います。

自分としっかり向き合い続けること。そうすれば会社への不満も少なく、働くことそのものが楽しく充実したものになるでしょう。少なくとも私はそう信じています。

「もう、無理」から「まぁ、いっか」にするために

現在、採用・転職市場は活況を見せています。多くの企業は「若手人材を一人でも多く獲得したい」と思い、さまざまな取り組みをしています。

私が前職で働いていたときと比べて、女性や若手社員に働きやすい環境が整いつつあることもまた、感じています。

そして、それは退職代行を使われた会社も同じです。なかには退職代行をきっかけに、社内の組織環境を是正する会社も出てきています。課題点を反省し、次に活かす。素晴らしい取り組みだと思います。

その一方で、退職代行を使われてもまったく社内の整備を行わず、いまだ劣悪な労働環境を社員に強いている会社も残念ながらあります。

しかし、社員を大事に扱わない会社は自然淘汰されていくことでしょう。それでは新しい社員は入ってきませんし、入ってもすぐに辞めてしまいます。その繰り返しで会社は行き詰まってしまうのです。

つまり、会社存続のためには会社もまた、変わらざるを得ないのです。

そんな中、改めて社員が会社とどう付き合えばよいのか、その付き合い方も見直されていくことでしょう。

もちろん昭和や平成のように、ひとつの会社にずっと勤め続けることはもはや正解とは言えません。その人それぞれが決めた人生があります。

「嫌だからこの会社を辞めよう」「転職をどんどんしてスキルアップしよう」という選択を否定する気はありません。

しかし、社会人として成長するためには**ある程度の負荷**をかける必要があり、ラクで楽しい環境では、そもそも負荷をかけることすら難しいのです。

そういう意味で、どんな会社でもまずは3年勤めきることが自分のひとつの成長、そして成功体験になるのでは、と言われてきました。

現代では仕事がたくさんあり多様化もしたため、3年と言わずとも最低3か月程度我慢して働いてみるだけでもよいかもしれません。

社会人として勤めきるためには、ひとつのポイントがあります。

それは、何かあってもいったんすべて**自責**にすることです。

例えば、人間関係でどうしても合わない人がいる。それも「もしかしたら自分がつらく当たられるようなことをしてしまったのでは？」、上司にひどく怒られたなら、「こんなふうに動いていたら叱られなかったのでは？」と仮説を立ててみるなど。

上司が強い言葉で怒鳴るハラスメントがあった場合には、（一方的で人格否定のような重度のハラスメントは除きます）「上司はハラスメントを全員にしているのか？ごく数人にしている場合は、自分でハラスメントを避ける手段はなかったか」「過去にハラスメントを受けていて、言い返している事例はないか」を探してみるなど。

つまり、起こった物事がたとえ人のせいでも人のせいにしない、自責思考を徹底することで、見えていなかった自分の反省点が必ず見えてくるはずです。といっても、それを毎日するのはしんどいですよね。

体調がよいときだけでも構いません。自分の意識としてそれを心に留めておくだけでも構いません。自責を心がけることが大切なのです。

トラブルを人のせいにするか、自分のせいにして努力したか、によって今後の社会人人生は大きく変わってきます。当然、後者の方が圧倒的に成長できるでしょう。

もちろん、一定の期間はプライベートが犠牲になるかもしれません。でも、あのとき頑張ってよかったと思えるときが必ず来るはずです。私がそうでした。

「もう、無理」な会社にするか、「まぁ、いっか」な会社にするかは、ある意味**自分次第**ということを、心の片隅に覚えておいていただけたら幸いです。

では改めて、これから社会人として活躍する20～30代や、転職を考えている人はどんな会社に勤めるとよいのでしょうか。

まさに「もう、無理」な会社、「まぁ、いっか」な会社を次章以降ではカテゴリに分けてお伝えしていきます。

退職届

退職手続きのキホン ～退職代行を使う前に～

退職代行の事業を始めてから、私は特にこう考えるようになりました。

「一度しかない自分の人生を楽しむためには、周りの声に惑わされずに、自分で選択・判断できる環境に身を置くことが大切だ」と。

それは仕事環境でも同じです。

現在、自分が満足できる環境で仕事ができていないのであれば、新たな環境にチャレンジするのも、人生を有意義に過ごすためのひとつの方法だと思います。

しかし当然ながら今の会社を辞めなければ、新たな環境へは移れません。

では、どのようにして退職すればよいのか。

いつまでに退職の意向を会社に伝え、どのような手順で進めていけばよいのか。

知っているようで知らない人がほとんどです。

なかには「雇用契約書を交わしたので、就業規則通りでなければ罰則を受けるのではないか」あるいは「賠償金を支払わなければならないから上司に言われるがままに行動し、何か月経っても辞められない」というような間違った情報のもと、一方的な不利益をこうむっている従業員も少なくありません。

基本的な退職の流れや、法律で守られている従業員の権限を理解しておけば、上司から一方的な業務命令を突きつけられても、反論することができます。

従業員として自分の身を自分で守れるように、退職に関する法律と、押さえておきたいポイントをここでお伝えしたいと思います。

★退職の申し入れから2週間で退職できる

民法の第627条1項には、次のように記されています。

当事者が雇用の期間を定めなかったときは、各当事者は、いつでも解約の申入れをすることができる。この場合において、雇用は、解約の申入れの日から2週間を経過することによって終了する。

つまり正社員（期間に定めのない）の場合は、退職の意思を伝えて2週間で退職を確定することができます。

たとえ、就業規則に「退職は2か月前に申し出ること」と記されていても、法律（民法）のほうが就業規則よりも効力が強いため、就業規則の規定は無効になります。上司との交渉の場面でこの法律を提示すれば、それ以上の引き止めや先延ばしを行わなくなるはずです。

なお、期間に定めのある有期雇用契約の契約社員などの場合は、期間満了まで退職できないのが原則となりますが、やむを得ない事由があれば即時契約を解除できます。まずはこのことを覚えておきましょう。

★必要な項目が記入されていれば「退職届」になる

退職届は、会社のフォーマットがあればそれを利用するようにしましょう。スムーズに退職手続きを行うことができます。

フォーマットがない場合でも、退職理由と退職の明確な意思、退職日付、届出年月日、所属部署と氏名がきちんと書かれている書面であれば、退職届として有効です。

★有給休暇取得後に退職できる

有給休暇が残ったまま退職すると、その有給休暇は消滅してしまいます。

有給休暇は従業員として行使できる権利ですので、辞める前に消化したいと思うのは当然です。

上司に相談すると「辞める前に消化できない」と言われることもあるようですが、労働基準法では、繁忙期など業務に著しい支障が出る場合や、業務の代替が確保できない場合に限り、従業員が指定した有給休暇の時期を変更できる「時季変更権」が会社には与えられています。

ただし、正当な理由なく時季変更権を行使し続けたり、先延ばしにすることは違法の可能性があります。つまり有給休暇を取得した後に退職することは可能です。

会社の一方的な言い分を鵜呑みにしないようにしましょう。

それでは、退職にはどのような流れがあるのでしょうか。

大きく分けると次の3ステップです。

①退職の意思を伝える

まず、辞めるためには直属の上司に退職の意思を伝える必要があります。

円満退職を目指すなら、辞める1か月前には、これまでサポートいただいた「感謝の気持ち」と「会社を辞める理由」そして「退職希望日時」を報告します。

急に辞められると業務が回らない、などの理由により上司が退職を保留にしたり、先延ばしにすることも少なくありませんが、一般的に考えて、約30日間（約1か月間）もあれば引き継ぎを行うことができます。

しかし、それ以上の期間を要求し、引き止めようとする上司や会社もあります。そうなると自分自身の今後の目処も立てられなくなってしまいます。

どうしても退職者側の要求を聞き入れてもらえない場合には、会社側が聞き入れてくれそうな条件を出して、上司と交渉するようにしましょう。

②退職届を提出する

口頭で退職の意思を伝えるだけでは、上司に「聞いていない」と言われた場合、認められない可能性があります。

2週間後に必ず退職を実行したいのであれば、2週間後の日付が入った退職届を上司に必ず提出しましょう。

間違って退職願を提出してしまうと、「退職したい」という気持ちの表明だけで、「退職する」という意思表示にはならないため、期限内に退職できなくなります。注意しましょう。

③引き継ぎ・貸与物の返却

退職日が決まったら、業務の引き継ぎを行うとともに最終出社日にはパソコンやユニフォームなどの貸与物の返却、また保険証（扶養家族がいる場合はその保険証も含めて）を退職日までに必ず返却するようにしましょう。

★まずは会社のルールに従うことを考えて

法律では、退職の意思を伝えてから2週間で退職することが可能ですが、その方法を実行するのは最終手段と考えてください。

社内ルールがあるのなら、まずはそれに則って退職の手続きを行いましょう。スムーズに行えます。

「立つ鳥跡を濁さず」という言葉があるように、将来、以前お世話になった上司や同僚と、いつ仕事で一緒になるかわかりません。

会社を辞める際には、職場の上司や同僚を含めて会社側とトラブルやわだかまりなく、良好な関係のまま退職するのがベストです。肝に銘じておきましょう。

第２章

ネットでわかる
会社情報から見極める！
― 条件編 ―

もう、無理

Googleマップの星評価が低すぎる

入社してみると、「思っていた会社と違う」と、違和感を抱くことはありませんか？

これは、リアリティショックと呼ばれる現象で、理想と現実のギャップに衝撃を受け、不安や戸惑い、失望感などのネガティブな感情が生まれることを指します。

こういった感情は多かれ少なかれ誰もが感じるものですが、できる限り理想と現実のギャップをなくしていくことが大切です。

では、「もう、無理」な会社と、ここなら続けられる「まあ、いっか」な会社はどんな基準で判断するのか。

そのポイントを詳しくお伝えしていきます。

その判断基準のひとつは、「**Googleマップの星評価**」です。

この場合は飲食店や小売業、クリニックやネイル、タクシー会社など、個人向けのサービス業が中心になりますが、星評価が低いお店（会社）は要注意です。

評価が低い＝スタッフの接客態度やサービスの質に改善の余地がある、ということ。お客さまへの対応がしっかりできていない企業が、職場において従業員をケアできるはずがありません。

お客さまからの評価が低いその背景には、何らかの問題が隠れているはずです。

例えば慢性的な人手不足や、スタッフ同士の連携の悪さが見えてきます。

そうなると、お客さまのオーダーに迅速に対応できなかったり、サービスに不手際が出たりします。そのせいで店長や上司が従業員に怒鳴っていたりすると、お客さまも落ち着いてサービスを受けられません。

星評価の低い病院で働いていた依頼者も、言葉の暴力が日常的に飛び交っており、居心地が非常に悪かったと言います。

また、そうした状況が起こっているにもかかわらず、店長などの責任者が何も手を打たないことも問題です。

つまりは「劣悪な環境を変えない」あるいは「変えようとも思っていない」ととらえることができます。

Googleマップの評価の低さは、実は内部に問題があることを示唆しているのです。

残念ながらこの因果関係については、経験上これまで外れたことがありません。

ぜひ読者のみなさんには、今後Googleマップの星評価をお店選びだけでなく、会社選びの参考にもしてほしいと思います。


「いやいやでも、ネット上には他にもレビューサイトやランキングサービスがあるのに、なぜGoogleマップだけ参考にするの？」と思う人もいるでしょう。

その理由はシンプルで、**他サイトでは信憑性に欠けるところがある**からです。

他のレビューサイトは適当な名前やニックネームで入力できるため、自由に書き込みができてしまいます。

むろん、Googleマップもニックネームで投稿できますが、虚偽の投稿があった場合、他のユーザーが目にする前に削除されるなどの対応が施されているため、比較的信頼度の高いサービスになっているのです。

また、よくあるクチコミサイトや転職サイトでは、ほとんどのサイトにフィルターがかかっており、誹謗中傷や特定のワードを記載するとコメント自体が掲載されないことも少なくありません。

転職サイトでも、その後の転職につなげるために運営していることから、あからさまに悪いクチコミは載せないようにしていることが多いです。

そういった理由から利権が絡みにくいGoogleマップは信頼度が高いため、おすすめしています。

ここまでは個人向けサービスを提供している店舗や企業についてお話ししてきましたが、世の中には法人向けにサービスを提供している企業も数多くあります。

こうした企業にはGoogleマップでの星評価がついておらず、会社の雰囲気などが判断できません。

その場合はどうすればよいでしょうか。

結論から言えば、**Googleマップに情報があるのか**を判断基準とします。

今の時代にGoogleマップでの会社情報がないというのは、その企業が社外に向けた情報発信をしていない可能性が高いからです。

情報発信を積極的に行わない＝新規顧客の開拓を前向きに考えていない、とも言えるでしょう。

自社の事業に対してそういう後ろ向きな姿勢だと、多くの場合、職場環境まで目が行き届きません。

令和の時代、ホームページやSNSなど発信できる媒体はたくさんあるのに、それをしていない。そこに疑問を持ってもよいと思います。

もちろん、オープンな情報発信が必須ではない業界や業種も存在します。

しかし、そういった企業の多くは旧態依然とした古い体質だったり、小規模な企業でリソースが足りず、情報発信にまで手が回らないケースが少なくありません。

Googleマップの星評価が低すぎる場合は、就業先の候補としては避けるのがよいでしょう。


では、星評価が何点以上なら就職先として参考にできるのか。

私が退職代行サービスを通じてさまざまな企業を見てきた結果、基準にしているのは**星評価3・5以上**です。

それを超える星評価の企業であれば検討する価値があります。

どんなに魅力的な店舗や企業であっても、お客さま全員が高得点をつけることはほとんどありません。すべてのクチコミのうち２～３割は低評価のコメントが占めています。

反対に、**低評価のコメントが一切なかったり、高評価のクチコミばかり**の場合はサクラの可能性を疑ったほうがよいでしょう。

ちなみに、私たちの退職代行サービスは、ありがたいことに５点満点中「４・８」の非常に高い評価をいただいています。しかし詳細にクチコミ情報を見ると、辛辣な意見・評価も少なくありません。

私たちはよい部分もそうではない部分もすべてオープンにして、透明性のある企業を目指しているので、低評価の意見もそのまま反映するようにしています。

そうすることで、応募してきた人たちが入社後に「イメージと違った」というギャップを感じて、途中で退職するなどのミスマッチが起きないようにしているのです。

まぁ、いっか

低評価のコメントがありつつ、星評価３・５以上

もう、無理

代表者名も住所も載ってない幽霊ホームページ

今の時代、会社のホームページを持っていないのは、ちょっとあり得ないですよね。

しかし、たとえホームページがあったとしても載っている情報が**あまりに少ない**場合も要注意です。

「この会社は大丈夫か？」と疑ってみたほうがよいと思います。

その際、企業情報として最低限掲載していなければならない情報は次の5項目です。

1. 企業名
2. 事業内容（何をやっている会社なのか）
3. 代表者名
4. 住所
5. 連絡先

この中でも、「**代表者名**」「**住所**」「**電話番号**」については特に重要です。インターネットで調べられる時代に、こういった企業の基本情報がしっかりとホームページなどに網羅されていないのは、企業側が人を採用する意欲や意思がない。もしくは、自社の情報を外に出したくないかのどちらかしかありません。

その時点で、就業先の候補としては選ばないほうがよいでしょう。ただし、大手企業になると事情が少し違うこともあります。例えば、問い合わせの電話が多すぎて対応しきれないため、あえて電話番号を載せていない会社もあります。

それでも、最低限の企業情報に加えて、人材を募集している場合は、仕事内容や給与、勤務時間、休日休暇、福利厚生、求める人物像などの求人情報が詳細に公開されているはずです。

その次に確認すべき項目は「**創業**（**設立**）」「**従業員数**」「**資本金**」です。

私は、先ほどの5項目に合わせて、この3つは「よい企業か、そうでない企業か」を判断する場合、必ず確認するようにしています。

大手企業でも資本金が公開されていないケースもありますが、上場企業だと情報開示が義務づけられているため、資本金や売上、利益なども詳細にチェックできます。中堅・中小企業だと売上高や従業員数が明記されていないこともありますが、情報が公開されていない企業は注意すべきだと思います。

その際注意すべきは、単年だけで見るのではなく、**3〜5年の売上高や従業員数の変化を見比べる**ことです。たとえ数値が大きくても年々減少傾向が続く場合は、将来的に経営破綻によって事業継続が困難となるリスクが懸念されます。

先行投資ができないため、入社しても活躍できるフィールドを与えられない可能性もあります。

本来、企業はよりよい採用を行いたいと考えるため、求職者に安心感を持ってもらうべく、できる限り多くの会社情報や求人情報を公開します。

それにもかかわらず、最低限必要な情報もホームページに公開されていないのは、「何かおかしい」と考えるべきです。

最低限の情報しかなく、それでも「この企業に応募したい！」という場合は、自ら企業の情報を集める必要があります。社名、代表者名、住所、クチコミなどを検索してネガティブな情報がないか事前に確認しておきましょう。

売上や従業員数も公開されている場合は、過去の実績や数字と照らし合わせながら、企業が「拡大」「成熟」「衰退」のどのステージに当てはまるのか把握しておくのも大切です。

企業（または製品・サービス）の成長サイクルは大きく分けて４つのフェーズがあります。それが**「創業期」「成長期」「成熟期」「最適期（衰退期）」**です。

「創業期」は、創業５年以内で、従業員が数名ほどしかいません。ベンチャー企業の立ち上げ期で、若手が多く活気がある分、マネジメント層が不足しています。そのため、従業員の統制がとれずに、最悪の場合は社内が混乱して従業員の離職を招くおそれがあります。

「成長期」は、売上が伸び、従業員も増え、事業が拡大傾向にある時期です。組織づくりに取り組む企業が多く、業務マニュアルの作成や社員教育の整備が行われ始めます。こうした取り組みに着手できていない企業は、従業員が煩雑な業務に追われている可能性があります。

「成熟期」は、経営が安定している時期で、継続的な黒字化や拠点展開などが目安になってきます。

部門や関連会社が増え、連携のためのコミュニケーションにロスを招くおそれがあります。多くの部署で求人募集をしていたり、ミッションやビジョンを掲げて、社員の士気を高める取り組みを行っていたりします。

待遇や福利厚生面は整備されているはずですが、残業時間や待遇をチェックして、そこが整っていない場合には、企業の成長に制度面が追いついていない可能性があります。

「最適期（衰退期）」は事業が思うように伸びず、利益が悪化する時期です。

従来の事業が時代に合わなくなっている可能性があり、事業転換を含めた組織の再編成が求められます。売上や従業員が減少していたり、採用のクチコミサービスでネガティブな評価が最近になって増えていたりすれば企業の状況も読めてくるはずです。

まぁ、いっか

最低限必須の5項目が載っているホームページ

もう、無理

社長の思考・言動・行動が全く理解できない！

ワンマンでなくても社長の言動・思考はその企業のカルチャーや社風に大きな影響を与えます。特に、中小企業はそれが顕著に現れます。

会社のあらゆる方針は最終的に社長が決断するので、営業活動や提供サービス、給与や手当、福利厚生、人材育成など至る所に社長の考えが採用されるからです。

そのため、社長の言動で理解できない部分が最初は魅力に感じていたとしても、次第に違和感を覚えるようになります。

「**社長の考え**」は見落としがちですが、必ずチェックするようにしましょう。

具体的には社長がどういう考えのもと経営に取り組んでいるのか、社会やお客さまにどのように製品やサービスを提供しているのか。従業員に対してどのように接しているのかなど……。

会社のホームページや、メディアのインタビュー記事、社長のブログなど、できる限り多く読み込んでください。

そのうえで「この社長のもとで働きたい」という気持ちになれば、応募してもよいと思います。

事前情報が十分あると、入社してからのギャップも少ないはず。とはいえ、過信は禁物です。入社前の理想の社長像と、入社後のリアルな社長の姿にギャップを感じ「もう、無理」と思ってしまうこともあります。

最初から過度に期待しすぎないようにしましょう。

一方、「社長は好きじゃない。でもやっている事業や仕事は楽しそう」という会社に対しては、どんなふうにとらえればよいのでしょうか。

結論からいうと、**応募すべきではない**と思います。

直属の部下でなくても、社長である限り、その企業の社員である限り、嫌いな人の経営に従わなければなりませんし、評価を受け続けることになります。最悪の場合は、社長直下で働く可能性もあります。

上司であれば、異動して顔を合わせないこともできますが、**社長からは逃げられま**

せん。そんな環境ではストレスをためる一方になってしまいます。焼き肉が好きじゃないのに、焼き肉店に就職するようなものです。

ちなみに、企業の中には、自社が大切にしている原理原則やビジョンを朝礼で唱和させているところもあります。

「理念をより浸透させるため」という理由で行っているのだと思いますが、こうした施策を取り入れているのにも社長の考えが反映されています。

こういった行動が理解できなければ、そこでの勤務はただつらいだけのものになってしまいます。

もちろん人間ですから、社長のすべてを好きである必要はありませんが、就業先として選ぶなら、社長の言動を「理解できる」ことは必須です。

まぁ、いっか

70％くらいは社長の言動や行動が受け入れられる

もう、無理

社員写真にマッチョの男性しか写ってない

よくあるのが、企業ホームページに掲載されているビジュアル（写真）が**無料素材ばかり**のケースです。たしかに、イメージが良い写真を使えばそれだけでスタイリッシュでオシャレなホームページになるかもしれません。

しかし、求職者の観点で見れば、従業員同士の関係性や仲の良さ、オフィスの清潔さや快適性、職場の活気など、実際の社内の様子や雰囲気は一切わかりません。

文章として「和気あいあいとして、社員同士フランクに話せる職場です」と書いてあっても、写真で職場の雰囲気が全く伝わってこないので、その言葉に対しても信用できなくなります。

本来ホームページとは、会社の説明書としての役割を担っていなければなりません。どのような会社で、どのような職場環境になっているのか。どういった仕事があり、どんな働き方ができるのか。働いたらどのくらいの収入がもらえるのか、どのような休日休暇・福利厚生が備わっており、どのようなキャリアパスが描けるのかなど……。

こういった情報を求職者は知りたいのです。

そのうえで、写真は企業の社風や職場の雰囲気を知るために、非常に重要なのです。

では、具体的にはどういった点をチェックすればよいのでしょうか。

大きく分けて2つあります。

ひとつは、どんな人が働いているのか「**従業員**」を確認することです。

従業員の服装や身なり、体格などを見れば、その会社の雰囲気をつかむことができます。

例えば、写っている人が「おとなしそうな人たちなのか」「チャラい感じなのか」「マッチョ系タイプか」で、企業がどういう人を求めているのか、あるいは会社の社風が見えてきます。

男性しか載っていない写真だと、この企業は女性従業員が少ないのが容易に想像できますよね。

マッチョ系タイプの従業員が多くを占める場合は、上下関係が厳しく、努力や根性といった精神的な強さが求められることが企業の風土として推測できますし、ノルマが提示され厳しい評価のもと、成果主義が強調された社風のイメージもあります。

もうひとつは「**職場環境**」をチェックすることです。

写真は、文字よりも圧倒的に情報量が多いもの。仕事風景や、オフィスでの集合写真などがあれば、手前や背景などの周辺に写っているものに注目してみてください。

デスクの上が散らかっていたり、観葉植物が枯れていたりするのは要注意です。

写真を撮るときでさえ机の上がそういう状態になっているのなら、普段の職場は書類がもっと山積みになっていたり、飲みかけの缶やペットボトルが無造作に置かれていたりする可能性が高いです。

常に職場環境が荒れた中で仕事をしているため、重要書類を紛失したり、探し物で時間をつぶしたりといった会社の様子が推測できます。

ちなみに、当社への依頼者が会社を辞める理由として、「職場が汚い」「書類が散乱している」という職場環境の乱れを挙げる人も多いです。

自分は汚くても全く気にしない人なら、そこまで気にしなくていいかもしれません。

しかし、書類などが散らかっている会社は、**職場でのタスクも整理整頓されていない**可能性が高いです。そうなれば業務が属人化されていて、マニュアルが存在しないことも考えられます。

形だけの導入研修があるだけで、未経験者に近い20代や転職者にとっては、イチから学べる機会も少なく、すぐに現場に放り込まれる可能性もあります。

また、書類が多いことからは、職場でのデジタル化が進んでおらず、アナログな作業が多かったり承認や決裁に時間がかかったりするなど、非効率な慣習が根強くあり、長時間労働を強いられることが想定されます。

写真を見て、自分の感覚と照らし合わせた際に「汚い」「雑然としている」「備品や書類が散らかっている」などと思う場合は、自分に合った職場とは言えません。避けたほうがよいでしょう。

まぁ、いっか

違和感があっても、職場の雰囲気が自分に合っている

もう、無理

最低賃金を下回る激安給与／ひと月50万の高額給与

企業のホームページや求人票、無料の求人情報サイトでは、最新の給与に更新されていないこともよくあります。

なかには、法律が変わったのに以前の情報のまま、最低賃金を下回っている求人も見受けられます。

一方で、月給50万円といった高額な給与で募集している企業や職種もあります。

ただし、「月にこれだけもらえるならやってみよう」と短絡的に考えて応募するのは禁物です。昨今話題の、高額な報酬をうたった闇バイトかもしれません。

そういう意味でも、どのような仕事を任せられるのか、それに見合った報酬か、をしっかりと確認することが重要です。

一見高額な給与に見えたとしても、実は他社も同じような給与（金額）を支給していることも少なくありません。

業界・職種の平均給与を理解するためにも、気になる求人があれば、同じ職種を募集している競合他社の求人も見て、**「給与」「求める人物像（求人要件）」「仕事内容」「休日休暇」を比較する**ことが大切です。

他社と比較しても、その会社だけ飛び抜けて高額な給与の場合は、いくつかの理由が考えられます。

・ストレスがかかる難易度の高い業務を求められる

人やプロジェクトをまとめるマネジメント力が必要になる管理業務が中心だったり、長時間の勤務が必須だったり、何らかの資格を取得することが前提の場合が多いです。

他社と比較しても「求人要件」や「仕事内容」、「休日休暇」が変わらないのに、給与だけが高額な場合は警戒したほうがよいでしょう。

・長時間の労働や夜勤がある

仕事内容には明記されていない条件が含まれているかもしれません。

よほど、興味のある仕事でない限りは、選ばないのがよいでしょう。

反対に、他社と比べて給与が低すぎる企業や職種はどう考えればよいのでしょうか。

一般的には、高額給与の職種以上に選ばない職種になると想定されます。

物価高、さらには人員を取り合う時代において、最低賃金スレスレの給与を提示している企業は何かしらの問題がある、もしくは、今後の経営破綻が予想されるため、なるべく選択しないほうがよいでしょう。


しかし「競合他社よりも給与が低い」「最低賃金並みの基本給」であっても、選択してもよい企業があります。

それは、**ベンチャー企業**です。

一般的な中小企業で基本給が安いと高い昇給率は望めないかもしれませんが、急成長しているベンチャー企業であれば、その可能性はあります。

企業の売上や業界での位置付けなどをホームページやSNSでチェックしてみましょう。

こうした企業は、社員のインタビューで先輩が前職と比べて「どのくらい給与や年収が上がったのか」を話していることが多いもの。先輩紹介の記事を見ると、企業の評価制度や給与システムも把握できるようになります。

もちろん、ベンチャー企業は中小企業と比べると業務内容や業務量も異なり、ハイリスクハイリターンの可能性も避けられませんが、逆に裁量を持って働けるチャンスでもあります。

選択肢のひとつとして考えてみるのもよいでしょう。

まぁ、いっか

業界平均の給与か、イチかバチかのベンチャー企業

もう、無理

クチコミサービスが会社の愚痴置き場になっている

一般的に離職率の高い企業は要注意だと言われますが、必ずしもそうとは限りません。定着率が高いからと言って、それだけで働きやすい環境だとは判断できないからです。

例えば企業風土として、年功序列で在籍しているだけで給与やポストが上がっていくため、「嫌だけど給料が上がっていくから辞めない」だけかもしれません。

仕事としては面白くない。人間関係も良好とは言えない。働きがいもないけど、転職までは気持ちが動かない。そんなふうに考えている可能性だってあります。

離職率や退職者数だけで働きやすさを見極めるのは難しいと思ったほうがよいでしょう。

それよりも注目すべきは、社員や元社員による**企業のクチコミサービスに掲載されている企業の評判**です。

現在、「企業名　クチコミ」などで検索すると、そうしたサイトがいくつか出てきます。

前章にてフィルターがかかっているといったものの、クチコミには企業文化や職場環境の実態が少なからず反映されています。

例えば、元従業員の退職理由に「長時間労働や上司のマネジメント不足」「評価制度が定まっていない」といった職場の問題点が具体的に記載されることがあります。

また、現従業員の評価が記載されていることもあるので、そこもチェックしてみましょう。

仕事のやりがいや働きやすさ、チームの雰囲気など、今の職場環境を知ることができます。

実際、当社の依頼者の意見と、クチコミサービスを照らし合わせてみると、**ほぼ同じような内容が反映されています。**

そのため、ネガティブな情報が目立つ企業や、労働環境に関する深刻な問題が指摘されている場合は、慎重に判断する必要があります。

例えば、「人間関係が良くない」「給与の未払いがある」といった具体的な問題が多い場合は、応募を控えるのが無難でしょう。

もし職場環境に不安を感じる場合は、その応募を見送ることも選択肢のひとつです。

さて、離職率の高さだけではなく、離職理由が大切と述べてきましたが、少し違うアプローチをしてみると、人材紹介会社の求人媒体で**「未経験可と書かれた職種の募集をしている企業」**は注意が必要です。

こうした企業は、事業が回らないくらい離職率が高いか、募集し続けているのに希望の人が採用できないかのどちらかです。

今やハローワークやIndeed、ＳＮＳなど、さまざまな採用媒体を活用すれば、無料で求人募集を出せる時代です。

にもかかわらず、採用した人材の給与の数か月分の手数料がかかる人材紹介会社を使わなければならないほど、人手不足で困っていることが推測できます。

そういう企業は、求職者が期待を持って入社しても働き続けられない、すぐに辞めてしまうほどの大変な環境だと予想できます。

人間関係が悪かったり、長時間労働が常態化していたり、ハラスメントが横行していたり、残業代が支払われなかったり……さまざまなケースが考えられます。

もちろん、業界や職種経験者などの即戦力や、資格を保有している人材に絞って継続的な募集を出している場合は、適切な求人募集です。

しかし、「経験者・未経験かかわらず、どんな人材でも採用する」という職種なのに人材紹介会社を使って募集している企業は、働きやすい職場環境でない可能性が高いです。

就業先の候補からは外すのがよいでしょう。

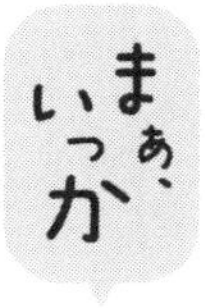

離職者が一定数いても、在籍社員のクチコミは概ね好評

もう、無理

事務職希望が営業に!?「総合職」は魔の配属ガチャ

入社したものの希望の部署に配属されない**「配属ガチャ」**の企業は、大手を中心に最近では中堅企業でも増えています。

多くの場合、ジョブローテーションと呼ばれる研修の一環で、従業員の育成や組織戦略を目的として導入され、従業員一人ひとりの適性や強みを把握することと、属人化された業務をなくすリスクマネジメントの観点で取り入れられています。

営業系ならびに店舗系の企業は、本社の人事部やマーケティング部を希望していても、数年間は営業や販売・接客を経験して、サービスの流れや現場での困り事、お客さまのニーズ・課題を理解してからでないと、希望の配属先には異動できないことが当たり前にあります。

こうした背景から、「もう、無理」な会社、「まぁ、いっか」な会社を見分けるポイントは2つあります。

ひとつは**「就職説明会や面接などで配属に関する事前説明がある」**こと。もうひとつは、**「希望と異なる部署への配属があっても短期間である」**ことです。

もちろん、働くなかで本人の気づいていない能力や素養が希望と異なる職種で見出せたり、開花することもないわけではありません。ただしそういった場合は、必ず上司と1on1で対話しながら確認していくはずです。

希望とは違う部署で誇るべき業績を上げたとしても、それは希望の部署や職種に早く異動したいために、本人が努力して取り組んだ可能性があるので、一概にその仕事が適性とは言えません。

配属先やジョブローテーションに関することは、会社情報や求人情報に掲載されていないことが多いですが、求人情報欄をよく見れば、ヒントはあります。

それは「**総合職**」という職種名で募集している場合です。

この名称は、その企業において幅広い業務を担当する可能性がある場合につけられる職種のことです。営業、販売、経理、総務、人事など、求職者の経験や志向、適性を基に配属されます。

ただ、第二新卒を含めて中途採用で総合職を募集する場合は、企業は営業や販売など、最も人員不足の現場に配属しようと考えていることがほとんどです。

ちなみに、マーケティングや人事、総務などのバックオフィスと言われる職種は人員数も限られています。そのため、興味があって応募しても全くの未経験だと営業や販売に配属される傾向は高いです。

もし、総合職の面接で配属に関する説明がなかった場合、**「希望部署への配属についてどの程度考慮されるのでしょうか？」と必ず質問する**ようにしましょう。

そこで納得できる回答が得られなければ、「それでもこの会社で働きたいか」を考える必要があります。

どうしても希望する職種に就きたいと考えるなら、「将来、希望職種に就くことはできますか？」と単刀直入に聞いてみるのもひとつの手です。

その際は必ず面接全体を通してのやりとりで、信頼の置ける人かで判断するようにしましょう。

例えば、入社させたいがために「3年後には必ず希望の職種に就けるようにします」と、表面的な口約束をする場合もあるからです。

それだったら、「あなたが実力をつけて、成果を出せば異動できる可能性はあります」という言葉のほうが信頼できますよね。

ここで大事なのは、**納得できる説明をしてもらえる企業かどうか。**そうだと判断できたら、就業先として前向きに考えてもよいでしょう。

一方、希望の配属部署にならなそうでも、面接で社長や人事担当者と話してみて、人柄や考え方、会社の雰囲気などに興味を持ち「ここで働きたい」と思えば、チャレンジしてみるのもよいでしょう。

会社を選ぶ理由は仕事内容だけではないのですから。

まぁ、いっか

希望部署に入れなくても、楽しく働けそう！と思える

第3章

人物から見極める！
―人間関係編―

もう、無理

暴言・暴力は当たり前！ 自己中ワンマン社長

人間関係の問題は、いつの時代も退職理由の上位に挙げられます。実際、「職場での人間関係が嫌になり、目の前の仕事に黙々と取り組める製造業に転職した」話や、「一人で仕事を完結できる配送ドライバーに転職して気が楽になった」という話もよく聞きます。

しかし、退職代行依頼者のうち、人間関係で辞めるケースは実は少ないもの。人間関係の悪化を超えて、ハラスメントやいじめにまでこじれてしまったがゆえに、精神的に耐えきれなくなったケースが大半です。

実際、依頼者の1割程度はうつ病などで通院しながら勤務していると言います。大切なのは、「**深刻なほど人間関係を悪化させないこと**」。そのためには入社前にできる限り会社の人間関係や、組織の体質を理解しておく必要があります。

3章では、会社にいる要注意人物にフォーカスしてみましょう。

さて、最も気を付けたいのが、やはり**会社の社長**です。

というのも、基本的に社長はワンマン気質だからです。そもそも社長になるには会社を経営する覚悟と行動力を持っていないとやっていけません。

利益を追求していくためには、物事の決定スピードと推進力が必要になる場合があります。事業の全責任を負うワンマン社長であれば、テンポよく事業も進みます。

そのため、ワンマン気質の企業がすべて悪いわけではありません。

ただし、次のような「もう、無理」ワンマン社長には注意が必要です。

・社員の意見を全く受け入れない
・「自分もできたんだからお前もやれ」と自分と同じ能力ではない相手に無理やり業務を押し付ける
・指示待ち社員を好む
・会社の業績が悪いと「お前らができないからだ」と従業員のせいにしがち

さらに悲惨なのは、業績が伸びず従業員が大変なときに機嫌が悪くなって当たり散らしたり、原因をつくっているのが自分だという認識がない、自己中心的なワンマン社長の場合です。

依頼者の企業を調べると、このような「度を超えたワンマン社長」がいまだに存在していることがわかります。暴言を吐くのは当たり前、なかには物を投げつけられた依頼者もいました。

さらに調べてみると、こうしたワンマン社長やオーナーが多い業界は、**建築業界や不動産業界、塾などの教育業界**だとデータ上明らかになっています。

休日も連絡を入れて働かせたり、サービス残業や長時間労働を強要したり、明らかに法に触れる行為を日常的に行ったりします。自宅にいても仕事の電話がかかってくるため、心が休まる時間も持てなくなります。

このようなワンマン社長は、性格が支配的で高圧的な特徴を持っています。

そのため働きやすいかどうかは、「性格的ワンマン社長がいるか」で決まります。

入社前にそれを見分けるのは非常に難しいですが、次のような方法が会社を理解するひとつの助けになります。

まずは会社の**ホームページやSNSをチェック**することです。

いわゆる「性格的ワンマン」社長は、いろいろなメディアに顔を出したがるので、露出量も多いです。そこで発信している内容を確認しましょう。

社長の考え方やスタンス、行動などがわかるので、それらの情報に自分が共感できるのか、判断してから応募するか決めましょう。

ある依頼者は、勤務先だった建設会社の社長からパワハラや罵倒を受けていました。その企業が運営していたTikTokを見ると、従業員以上に社長が登場していて、外見も強面でまさに従業員に威圧的な行動を起こす、イメージ通りの社長でした。

たまに、こうしたワンマン社長はＳＮＳの個人アカウントを持っています。そこでは、仕事以外の話も発信しており、社長のこだわりや大切にしている価値観が垣間見えるので、チェックするのをおすすめします。

また、次の就業先として興味のある企業が初めての業界であれば、**業種・業界を知る**ことも大切です。

企業によって多少の違いはあるものの、業種・業界が同じであれば基本的な仕事の流れは同じです。

一日のスケジュールや、どのようなビジネルモデルで売上や利益を上げているのか。それらを具体的に知ることで、担当する業務内容はもちろん仕事の大変さや制約の理解、具体的な業務負荷がわかり、ワンマン体質な業界かを知ることができます。


さて、たとえワンマン社長であっても、組織として一体感が持てるように目標を明確に定めて、従業員をうまく巻き込んでいく社長もいます。

一概にワンマン社長だから「この会社はダメだ」と決めつけないほうがよいでしょう。会社を選ぶ際に大事になってくるのは、その社長を**人間的に好きになれるか**です。

たとえ理不尽な要望を突きつけられても、「すごいな」と思える発信をし、行動や思想に共感できるなら、あなたにとっては応募するのにふさわしい、価値ある企業と言えます。ぜひ自分の視点・思いも大事にして会社選びをしてください。

まぁ、いっか

強引でもリスペクトできる敏腕ワンマン社長

もう、無理

社長（夫）も頭が上がらない、裏ボスNo.２（妻）

中小企業に限らず、中堅や大手企業においても家族経営や同族経営を行っている企業は少なくありません。血縁や親族間の結びつきが強く、経営の意思決定も迅速に行いやすいため、事業の継続や安定性を保つことができます。

その一方で、血縁関係の役職者に権力が集中したり、家族内の力関係が社内に持ち込まれると、従業員に対した行き過ぎた叱責や威圧的な行動が起きてしまいます。

当社の相談事例としてもあるのが、**夫が社長、妻が副社長または専務取締役、子どもが役職もしくは社員**を務めるケースです。

対外的な折衝は社長である夫や子どもが行うため、社内でのマネジメント業務はNo.２の実権を持つ妻に一任されます。

そこで妻（No.２）による従業員へのパワハラやいじめが行われてしまうのです。

こういうケースは、従業員が社長に現状を報告しても多くの場合、根本的な問題解決に至りません。

当然、社長（夫）も生活を共にする副社長（妻）の性格を熟知しているため、そういう事態が起きていることを薄々感じていて、見て見ぬふりをしているからです。

また、**家族内での力関係が副社長（妻）のほうが上の場合**はさらに最悪です。№2の副社長を止める人がいないため、感情的な対応が増え、従業員へ理不尽に当たり散らしたり、風当たりが強くなったりします。

実際の現場では、副社長の奥様から従業員がすさまじいパワハラを受けており、退職の意向を社長に電話で伝えると、多くの社長は何も言い返さず、こちらの説明を聞くだけです。

社長自身はわかっていて、それについて会社の代表として何の対処もしてこなかったため、反論ができなかったのだと思います。

そのため、これから勤務する会社が「**家族経営や同族経営か**」はホームページの会社情報・写真や企業のクチコミ投稿などで事前にチェックするのがよいでしょう。

「やるべきことがコロコロ変わる」「社内に常に緊張感がある」などのクチコミ情報が多い企業は、従業員が萎縮している状態が読み取れます。

サービス事業を展開しているのであれば、店舗に顧客として行き、従業員の対応を見たり、直接質問して聞いてみるのもおすすめです。

マニュアル通りの受け応えしかしない場合や、フランクな話し方でない場合は、余計なことを話せない雰囲気を感じられるので就業先の候補としては要検討です。


一方、家族経営の会社は、親類縁者も役職や従業員として加わっており、団結力のある組織を生み出しやすいのも事実です。

家族以外の従業員を受け入れる土壌がある会社であれば、社内でのまとまりや組織として一体感があり、働きやすい環境とも言えるでしょう。

そうした環境が自分になじめるかも含めて、検討してほしいと思います。

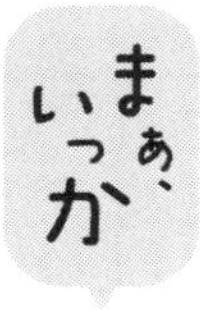

親族以外の従業員がリラックスできるお袋No.2

もう、無理

社員が全員20代の若手or50代のベテランしかいない

さて、人間関係の問題で言えば**「年齢に偏りがある会社」**も要注意です。

例えば、ほとんどの従業員が50代以上などの高齢化している企業は、社内の人間関係以前に、事業の継続が危ぶまれます。たとえ黒字経営を続けていても次世代が全く育っていないため、10年も経たないうちに倒産するリスクも秘めています。

また、こうした企業だと役職が固定化している場合が多く、若い世代にあるような熾烈なポスト争いが起こりにくいと言われています。

同じ人たちで長く時間を共有しているため、他人に細かく干渉することが少なく、阿吽《あうん》の呼吸や気心知れた関係が生まれやすくなる一方で、閉鎖的な環境にも陥りやすく、職場の活性化も生まれにくいのです。

実際、とある教育関連の会社に入社した20代の依頼者は、年齢の近い社員がいないことから他従業員の話に入れず、不安が蓄積。これが理由のひとつとなり、退職代行の運びになりました。

一方、若手ばかりの職場はどうでしょう。

年配者ばかりの職場とは対照的で、斬新な意見が出てきたり、意見が言いやすいフラットで風通しのよい職場だったり、楽しそうなイメージがあると思います。

もちろん、そういった一面もあるでしょう。しかし、社会人経験がない従業員が多くなるため、指示待ち人間が増え、組織として機能しない場合もあります。

また、社外から見た際には、会社としての信頼性や存在感に欠けるところが課題になる場合もあります。

さらにもうひとつ問題として起こりやすいのが、**従業員同士の衝突**です。

若手従業員は社会人経験が浅く、ベテランと比べるとストレス耐性も低く、自分自身で適切に行動や判断をコントロールできない面があります。

それゆえ経営者や管理職と健全な対話がなされず、人材不足への対応、公正な評価やチームビルディングが不十分だと不満が高まり、些細なことで同僚との感情的な対立に発展する危険性があります。

最悪の場合、組織から浮いている従業員や、多数派と考え方が合わない従業員を敵とみなし排除しようとします。一種のいじめです。経営者や管理職が気づかないうちに、そういった排他的な考え方が蔓延してしまうケースがあります。

若手中心の職場は、同じような価値観の人が集まりやすいため、村社会的な組織が生まれやすくなるのだと思います。

年齢が近い人が集まっているような、年齢に偏りのある職場は一見すると「同年代同士で働きやすそう」と感じるかもしれませんが、その実、問題を抱えやすいのです。

では「まぁ、いっか」の職場を選ぶコツはいったいどこにあるのでしょう。

ポイントは2つです。

1つ目は、若い人だけの職場ではなく、若手中心でも**さまざまな年代の従業員が在籍している企業**を選ぶことです。

さまざまな年代がいることで、経営者は多様な意見を参考に経営判断していくことができるので、経営的なリスクヘッジができ、バランスのとれた事業を運営することができます。

さらに若手にとってはロールモデルとなる人材が身近にいることで、「こういう人を目指そう」といったモチベーション向上にもつながります。

２つ目は、**自分に近い平均年齢の企業**を選ぶことです。

平均年齢が35歳であれば、その年齢の従業員が比較的に多い職場になっているはずです。多いということは、その年代にとっては働きやすい環境だということ。

なかには、20代と40代しかおらず、平均すると30代中盤になるケースもないこともありませんが、そういった会社はごく少数です。

偏った年齢構成の企業は別ですが、幅広い年齢層の従業員がいる企業でかつ、平均年齢が近い企業を選ぶこと。

そうすれば考え方や働きやすさなど、大きなギャップなく働けるはずです。

まぁ、いっか

各年代の社員が１人は所属＆平均年齢が自分と近い

もう、無理

時代遅れの「アットホーム」アピール

企業の採用ホームページや求人広告で、「アットホームな会社です」という表記を見かけたことはありませんか？　一見すると、働きやすそうなイメージを持つかもしれませんが、実はこういう会社ほど要注意です。

「アットホーム」というキーワードは、求人広告ではいわば使い古された言葉のため、競合他社と差別化するために、企業の人事担当者（あるいは経営者）は**NGワード**にしています。

そういった採用領域の暗黙のルールも知らずに、このNGワードを使っているのはまさに「もう、無理」だと感じます。

ではなぜNGワードを使い続けているのか。大きく2つの理由が考えられます。

1つ目の理由としては、新卒・中途採用を含め、企業がこれまで人材採用を行ってこなかったことが考えられます。

バブル崩壊後やリーマン・ショック後であればいざ知らず、コロナが明けた現在、伸びている企業であれば定期的に人材を募集しているはずです。

そんな環境下にもかかわらず、採用領域の常識を知らないのは、業界や事業として成長過程になく、頭打ちの状態が予測できます。

２つ目の理由としては、自社の魅力や強みをアピールするエピソードや情報がないケースです。

求職者に訴求できる魅力的なコンテンツがあるなら、人材採用はたやすいはずです。しかし、そうしたコンテンツがない、あるいは見つからないためＮＧワードと呼ばれる抽象的な表現に頼ってしまうのでしょう。

ちなみに「アットホーム」のキーワードとともに、注意したいのが**横文字を多用した採用メッセージ**です。

例えば、「メンバーがオーナーシップを持ちアジャイルに動くことで、チーム全体のパフォーマンスを最大化できます」「社員一人ひとりがイノベーターとなってアウトプットを重ね、次のフロンティアを目指している」と言われてみなさんは何が言いたいのか伝わりましたか？　私にはわかりません……（笑）。

このように、横文字を多用すると意味が伝わらない文章になります。

にもかかわらず、その表現にこだわるのは、おそらく「うちの会社は優秀なんだ」とアピールするためなのでしょう。

しかし残念ながら、優秀な経営者がいて、優秀な人材が集まっている会社は自ら優秀さをひけらかすようなメッセージは発しません。

わざわざ「すごく意識高い系の企業だ」と主張するのは、そうではないことを伝えているようなものです。こういう会社も、就業先として選ぶのは危険です。

さて、では「まぁ、いっか」の企業はどんなキーワードを使用しているのでしょう。

それは、**数字と事実で自社の魅力を伝えている企業**です。

例えば、「採用実績が1年で22名」「ここ5年間の離職率はたったの2％」「有給消化率が92％」「年間休日132日」。

シンプルに情報が伝わりますよね。さらに、事実のエピソードが記されている場合を見てみましょう。

例えばこんな感じです。「営業のAさんは、入社2年目で20件以上のお客さまからリピートを得ています」「子育てと両立しながら仕事をしている従業員が12名在籍しています」「親子3代にわたって、当社の従業員として活躍しています」

数字と事実（エピソード）を組み合わせると、この企業でしか紹介できない**唯一無二の情報**になって、その企業の強みがより伝わります。

こうした企業は本業の事業においても、ホームページやSNSで数字と事実に基づいたブランディングやマーケティングを行っており、着実に売上・利益の向上につなげているはずです。

職場環境だけでなく事業としても魅力があり、応募する価値のある企業だと思われます。

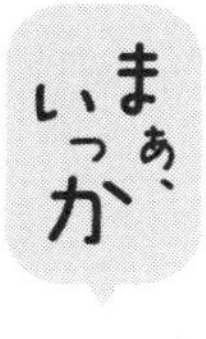

数字と事実で自社の魅力をアピール

もう、無理

会社紹介動画に出てきた社長が金髪＆サングラス

最近、自社の事業内容や社内の雰囲気を伝えるために、企業紹介動画を投稿する会社が増えてきましたよね。当社もYouTubeやTikTokには力を入れています。見たことがある人もいるかもしれません。

うちはエンタメ要素もありますが、視聴者の多くは、「どんな事業をしているのか」「どんな仕事を任されるのか」を見るために、動画をチェックしていると思います。

さらに私がおすすめしたいのは、動画に出てくる経営層や従業員を通じて、職場の雰囲気やマネジメント体制、人間関係を確認することです。

チェックするポイントは3つあります。

1つ目は、**社長や従業員の服装やたたずまい**です。

例えば、男性社長が茶髪で、ボリュームのあるネックレスをつけたチャラい雰囲気だったら、「この会社は大丈夫か……？」と思うでしょう。工場勤務なのに従業員が私服で作業していると、経営層が安全面や衛生面を軽視している点が窺《うかが》えたりします。また、第2章でもお話ししましたが、社員のたたずまいや雰囲気から「この企業は自分に合わない」「違和感がある」という判断材料にもなります。

2つ目は、動画に登場する人たちが**「自分の希望するポジションの人か」チェックする**ことです。

よく部長や課長などの管理職が登場する動画があります。もちろん、管理職候補の採用を行っていてこうした動画が出るならば、ターゲットが知りたい情報を提供しているコンテンツと言えるでしょう。

一方、未経験の若手採用の場合、管理職からのメッセージ動画しかなければどうでしょう。もちろん、上司は仕事でも関わりのある人なので、どのような考えを持っているのかは知りたいところだと思います。

しかし、本来知りたいのは、自分に年齢が近い従業員の仕事の面白さや大変さ、職場の雰囲気などの生の声のはず。それが一切出ていないとなると、動画を企画した企業側の担当者の発想が一般的な若手の常識とズレていることが想定されます。

これは採用シーンだけでなく、通常の事業のマーケティングや営業戦略においても如実に出てきます。

このように、見ていて明らかに違和感を抱く映像の場合は、「もう、無理」な企業と考えていいでしょう。

3つ目は、仕事風景や座談会などで**複数人が登場するシーン**です。

コンテンツによっては従業員同士や上司と部下、社長と従業員でやりとりしている会話も音声で入っているので、どのような表情で、どのような内容を話しているのかがわかります。そこから社内での人間関係も見えてきます。

フランクなコミュニケーションが多い場合は、風通しのよい職場である可能性が高いですし、硬い表情でのコミュニケーションなら、上下関係が厳しい、ヒエラルキー型組織の恐れがあります。

こうしたささいな情報からでも企業の風土やカルチャーを読み取れるので、自分が求める職場環境に合致しているかチェックしましょう。

こうしてみると、動画の中からかなりいろんな情報がとれることがわかります。

では、動画で会社を選ぶポイントはどこにあるのでしょうか？

ズバリ、「**推しの従業員がいる**」企業です。べつに変な意味ではなくシンプルに考えてください。

「一緒に働きたい」「人として好きになれそうだ」と思える人でもOKですし、もっと直感的に「かっこいいな」「綺麗だな」「かわいい」といったレベルでも構いません。

そう思える人が1人でもいればいいでしょうし、2〜3人出てきたら、楽しい職場になる可能性があります。

好きなことは、仕事へのモチベーションを生み出す原動力になるもの。それだって立派な入社動機です。

何より「ここで働きたい！」という前向きな感情は、仕事をポジティブにさせる最上の原動力ではないでしょうか。

まぁ、いっか

一緒に働いてみたい「推し社員」がいる

もう、無理

会社の公式SNSが他社をディスって大炎上

今や会社のマーケティングやブランディング、営業活動において、SNSは切っても切り離せないツールになっています。大手企業だけでなく、中堅・中小企業も活用しているので、入社を考えているなら事前にチェックするようにしましょう。

会社によっては担当のマーケターがSNSのアカウントを持って情報を発信することがあります。

特に、公式キャラクターを持つ会社では自社の情報だけでなく、ユーザーとの距離を縮めるためにフランクで親しみやすい口調でつぶやいたり、潜在ユーザー層の関心を引きつけるためにシュールでユニークなコメントを発信したりしています。

そのなかで注意したいのが、「**自社の商品・サービスしかつぶやかないキャラクター**」です。

これは一方的な情報発信で、単なる自社アピールしか行っていないので、ユーザーにとっては面白くないですし、わざわざフォローしようとも思いません。

こういう会社は、保守的な考えの担当者や上司ばかりか、もしくは社員のアイデアや意見を聞き入れてもらえないくらい社内の規律が厳しいかのどちらかです。どの状況においても、若手が活躍できる環境ではない可能性があります。

よって、就業先の候補から外してもよいでしょう。

また、一見シュールでユニークな発信をしていても、**ＳＮＳ上で他社を批判・非難して自社商品・サービスをアピールする企業**も要注意です。

おそらく、そこまでやらなければならないほど社内での売上目標が高く、経営層からの要求が厳しい環境なのだと想像できます。

経営者視点で言えば、簡単に自社の強みをアピールできるので、つい他社のことをディスってしまうのは正直わからないでもありません。

しかし冷静に考えてみると、ＳＮＳという不特定多数の人が目にする公の場所で他社（他者）の悪口を言う、あるいは否定する人はやっぱり近づきたくないな……と思ってしまうのが本心ではないでしょうか。

ＳＮＳで否定的な発信をする企業はやはり、お客さまに対して良いサービスを提供していても、心から顧客ファーストでサービスを提供しているか疑問ですし、従業員に対して「従業員のために」と言っていても、本音はどうかわかりません。

信頼できないまま働き続けるのは、自身に想像以上のストレスになるため、応募するのは避けたほうがよいと私は感じます。

では一方で、どんな企業なら「まぁ、いっか」と思えるか。

それは、**「いいね！」を押させるようなポジティブでバズるツイートを数多く発信している企業**だと考えています。

ＳＮＳを使い慣れているのは20代～30代の若手たち。普段からトレンドに対してアンテナを立てて、それにまつわるつぶやきをしたり、先取り的に情報を発信することも、バズるうえでは重要になってきます。

それができるということは、若手に権限を与え、自由に働ける職場環境が整っていると考えられます。

一定のルールは設けているものの、逸脱しない範囲で若手担当者の裁量に任されているのではないでしょうか。

つまり「**柔軟性のある自由な職場環境**」がそこから見てとれます。

ときに攻めた内容の投稿をする企業も見受けられますが、私はこうした企業も見込みがあるととらえています。

自社に多少のリスクがあっても取り組んでみる。こうしたチャレンジングな意識がある企業は、一人ひとりのポテンシャルを高めようとする気概があるはずです。きっと若手であっても裁量を持たせ、やりがいを感じられる業務を与えてくれることでしょう。

まぁ、いっか

炎上しそうでも、自分好みのユニークな投稿している

第4章

環境・制度から見極める！

― 職場編 ―

もう、無理

飲み残しが放置された激クサ紙の雪崩デスク

3章は職場の人間関係にフォーカスしましたが、実は「もう、無理」な企業は職場環境からもある程度見抜くことができます。

雑然としていて清潔感に欠けた職場は、従業員の働くモチベーションの低下や離職を招くおそれがあります。にもかかわらず、それを正そうとしないのは社長や役員が思考停止状態に陥っている可能性があります。

では、具体的にどんな部分をチェックしていけばよいのでしょうか。

まず挙げられるのが、**デスクの上が紙や書類などで埋もれている職場**です。

「え、こういう職場意外と多いぞ」と思ったかもしれません。

こうした状況の問題は、「何がどこにあるのかを従業員が把握できていない」だけではありません。

顧客リストや応募者の履歴書、契約書や請求書、会議書類、研究開発や新規事業に関する書類などが無造作に置かれているため、紛失する可能性や、個人情報や機密情報が漏洩する危険性があります。

むろん、いざ業務に取りかかろうとしても必要な書類が見つからず、それを探すだけで時間がとられることでしょう。当然、業務効率が低く無駄が多い環境だと予想されます。

また、紙が多いことからは、**デジタル化も進んでいない**と言えるでしょう。そうなれば書類作成も手書きになり、ミスした場合は最初からやり直さなければなりません。

特に紙ベースの決裁文化の企業では、決裁担当者が不在の場合は承認印をもらうのにも時間を要するため、スピード重視の対応ができず、せっかくつかんだビジネスチャンスも逃してしまうおそれがあります。

タイパ・コスパ重視の若手社員からしたら、考えただけでもイライラしてしまいそうな職場ですが、ではなぜ、紙文化から脱却できないのでしょうか。

それには、いくつかの理由が考えられます。

ひとつは業界・業種の事業構造として、新しいオペレーションに変える必要がないことが考えられます。

現在でも、医療業界はやりとりにＦＡＸを使う医院も多いと聞きます。

このような旧態依然の状態でも、事業として継続することができているため、ことさらに環境を変化させないのでしょう。

もうひとつは、経営者が古い考え方を持っており、それをトップダウンで従業員に押し付けている、という理由です。

デジタル化したほうがはるかに効率的で便利なのにもかかわらずそうしないのは、「我が社は大丈夫だ」という傲慢さが大きく影響していると思われます。

また、ペーパーレス化ができていない背景には、**従業員が高齢気味でデジタル化の流れに追いついていない**場合もあるでしょう。

実際、自社のペーパーレス化を進めるプロジェクト会議なのに、大量の紙の資料を使っている企業の話を聞いたことがあります。

まるで笑い話のようですが、実際そんなことが起きているのです。

前述したように、業界全体が紙文化の場合は仕方がないと思いますが、そうではないのに「自社だけ紙文化」の場合は、要注意です。

また、紙文化だけではなく、**オフィスの中が単純に汚れていたり、物であふれている会社**で働くのも非常に危険です。

ここで注意したいのが老朽化などによる「古い」は含めないことです。

創業時は資金に余裕がなく、やむを得ず古いオフィスを選択している場合があるからです。

「汚い」オフィスの特徴はいくつかあります。

例えば、書類が山積みになっていたり、古い資料や筆記用具などが放置され、デスク回りが乱雑になっています。カーペットや本棚などにホコリがたまっていたり、使用済みのコーヒーカップや飲み残しのペットボトルがそのままになっているのもよく見受けられます。

ケーブルやコードが絡まっていたり、共有スペースが他の人の書類などで片付いていないことも挙げられます。また、枯れた観葉植物がそのまま放置されていたり、トイレなどの水回りが清掃されていない場合も要注意です。

さらにしっかりと換気が行われていない場合、食べ終えた弁当箱や容器、たばこやかびなどの臭いとあいまって、異臭が漂っていることもあります。

「汚い」オフィスは、どれか1つだけではなく、これらの特徴が重なって起きている場合が多いのです。

では、デスク上の紙の散乱や汚いオフィスは、どのように見分ければよいのでしょうか。

まずは、第1章でも紹介しているようにメディアや自社のホームページに掲載している**仕事風景の写真をチェックする**ことです。ただし、それだけだと詳細までわからないことがほとんどです。

そのため、自社内で会社説明会や見学会を行っているようなら積極的に参加して、自分の目で確かめるのがよいでしょう。

その際、チェックする箇所は「**職場**」「**従業員**」「**トイレ**」です。

オフィス環境の清潔さには、経営者の考えがダイレクトに反映されています。

従業員のデスクがすっきり整頓されていて、不要なものが放置されていないか。書類はカテゴリーごとに整理されているか。デスクや床、窓にホコリや汚れがなく、モニターやキーボードも清潔に保たれているか、確認しましょう。

さらに、休憩できるリラックススペースや、同僚と気軽にディスカッションできるコミュニティスペース、周囲から声をかけられずに業務に専念できる集中ブースがあると加点対象です。

なかでもお菓子コーナーやドリンクコーナーが設置されていて、上司などが購入してきたお菓子や、取引先からもらった手土産を従業員にシェアしてくれるような会社だと、人間関係も穏やかで、若手ものびのびと働ける雰囲気が感じられます。

こうした特徴のある職場は、それを売りにしているので、メディアや自社のホームページで紹介しているケースが多いです。ぜひチェックしましょう。

まぁ、いっか

書類やモノがきちんと整理された清潔感あるデスク

もう、無理

朝礼や清掃は必ず始業1時間前からスタート

残念ながら、日本の企業は海外の企業と比べて生産性の低さが指摘されています。現在はその改善のため、ＩＴツールの導入や、残業削減を積極的に行っている企業が増えています。

その一方で、業務時間外にもかかわらず全社員に職場やトイレなどの清掃や、オフィスビル回りのゴミ拾いをさせたり、朝会を強要する企業もあります。

特に、歴史ある企業はそういったカルチャーが今なお続いていたりします。

企業として、従業員全員に整理整頓の習慣化を意識させたり、チームとしての一体感を醸成させたりするため、こうした活動が続いているのでしょう。

しかし、それを業務の一環ではなく業務時間外に実施しているのであれば、それは会社側が無償の行為を従業員に強制したことになります。

つまり、**違法なサービス残業**であり、労働基準法に違反する可能性があります。

こうしたことを経営者が当たり前に思っている場合は、休日にもかかわらず社員旅行参加を強制的に義務づけたり、地域活動に従業員を強制的に参加させる危険性があります。

地域活動においては、信用金庫や不動産業のように地域住民に対してサービスを提供している企業であれば、地元の人が集まる活動に参加する目的は理解できます。

しかし、ビジネスにおいて地域との接点があまりない企業が、他社がやらない活動をしている場合は要注意です。

「うちはこういう社会活動に注力している会社です」と、**ブランディングの一環**として自社をよく見せようとしているのかもしれません。

というのも、会社によっては、積極的にCSR（Corporate Social Responsibility）と呼ばれる「企業の社会的責任」として、こうした地域活性化の活動（地域貢献活動）を応募者にアピールしている場合があるからです。

しかし、清掃や朝会、対外向けのイベント活動が業務時間外なのか、業務時間内なのか、入社前には判別できないことがほとんどです。

一般的には面接などの選考プロセスにおいて、一日の仕事の流れや始業時間について人事担当者や経営者から説明を受けられるはずです。

しかし、「もう、無理」な企業は入社前にそういった説明が一切されず、応募者が入社して初めてわかるケースが多いのです。

ホームページをチェックし、写真やメッセージから従業員全員でオフィスを清掃するなど、何らかの取り組みを行っている雰囲気を感じたら、面接などの質疑応答の時間に直接聞いてみるとよいでしょう。

そのうえで就業先の企業にしたいのなら、条件は2つあります。

ひとつは、**清掃や朝会が業務時間内に含まれた就業規則**になっていることです。

勤務時間として認められていれば、無償での労働が解消されるため、従業員が不満に思うことはないはず。むしろ、清掃や朝会を通じて組織の一体感が感じられたり、円滑なコミュニケーションが行えれば、「この会社でよかった」という気持ちが強くなるはずです。

もうひとつの条件は、業務時間外として扱うのであれば、社員全員を強制参加させるのではなく、**自由参加**のスタイルになっていることです。「やりたい人だけが集まって作業をする」「やりたいときだけ参加する」など、自分の意思で参加するか決められるので、納得感を持って取り組めるようになり、職場に対する不満もそれほど生まれにくいはずです。

ただし、朝会ともなれば話は別です。

仕事上必要な業務が共有される場でもあるので、この時間については本来業務時間として扱うべきだと思います。万が一「朝会が勤務時間に含まれない」のであれば、入社を見直したほうがよいかもしれません。

いずれにしても、どちらかの勤務条件を提示している企業であれば、無駄な残業をせずに、ワークライフバランスも担保された仕事ができます。

企業選びの際には、ぜひ参考にしてください。

まぁ、いっか

業務時間外の活動は「参加する・しない」が選べる

もう、無理

取引先への手土産は自腹でお支払い

リモートワークとオフィスワークのハイブリッドが認められる現在。自宅で仕事のメールをチェックする場合もあるでしょう。

にもかかわらず、仕事の連絡で**個人のスマートフォン**を利用しなければならなかったり、あるいは取引先への手土産も**経費として認めてもらえない企業**があります。

前者であれば、会社が業務上のインフラやリソースに十分な投資を行っておらず、さらに本人が定休日にもかかわらず取引先や他の従業員から連絡が入る場合には、適切な労働時間の管理がなされていないと言えるでしょう。

会社側が社用携帯を貸与せずに、個人のスマートフォンの使用を事実上強制し、それに対して従業員側が拒否できない場合は、労働契約法や労働基準法に違反するおそれがあります。

後者については、会社側の経費に対する方針が極端に厳しいか、ビジネス慣習への理解が乏しい可能性があります。

通常、「取引先への手土産が認められない」という社内ルールがあったとしても、取引相手によってはイレギュラーな対応が必要になるケースがあるはずです。

それらもすべて経費に該当しないとなると、担当従業員が自己負担することになります。

取引先との関係構築や維持はできたとしても、従業員のモチベーションは大きく下がるでしょう。

逆に、「**ペン１本でも経費として購入する際はすべて社長決裁が必要な企業**」も要注意です。

このような環境では現場への権限委譲がほとんどされておらず、非常に厳格かつ細かい承認フローが存在している可能性があります。

当然、業務スピードが高まらないばかりか、決裁がすぐに下りないために、せっかく獲得できそうだった案件を他社に取られてしまうおそれも秘めています。

このように従業員がクライアントの要望に迅速に対応して、顧客満足度を高めようと積極的に取り組んでも、会社側の決裁フローの影響により、足を引っ張られるリスクがあります。

このような情報は、会社にとってはネガティブな情報なので、ホームページや求人サイトなどからは見つけづらいですが、元社員が書いている可能性があるので、**クチコミサイト**を参考にするとよいでしょう。

では「まぁ、いっか」の基準はどこにあるのでしょうか。

当然、従業員に負担や負荷がかかるような理不尽な制度や職場環境がないことが条件になります。

例えば経費として申請できるものはある程度は決まっているものの、業務上必要なものは申請すれば、嫌な顔をされずに経費として認めてもらえる。

営業などの外に出て、取引先と密に連絡をとらなければならない職種に関しては、スマートフォンやタブレットなどを会社から支給されていることが、業務に専念するうえでは必要不可欠になります。

それを見分けるためには、**営業などの募集要項をチェック**するとよいでしょう。求人募集の待遇欄に「社用車支給」「携帯電話やタブレット貸与」というキーワードがあると、ひとつの目安になります。

しかし、素早いレスポンスが求められる業界・業種（特にマスコミ・営業など）では個人携帯で連絡をとることが必須の場合もあります。

自分の就きたい業界・業種についてもしっかり理解を深めましょう。

ちなみに、社内でのコミュニケーションにチャットツールなどを導入している企業も、応募する価値はあります。

生産性向上のために費用をかけており、ひいては従業員満足度向上に取り組んでいる可能性があるからです。

まぁ、いっか

手続きに時間がかかってもきちんと経費が申請できる

もう、無理

大雪・大雨警報で電車が止まっても出社しろ！

昨今は地震や台風、豪雨などの自然災害で電車の運行が停止されたり、見合わされることが増えてきました。しかし、そうした状況にもかかわらず、従業員にオフィス出社を義務づける企業があります。

当然、電車やバスの公共交通機関が止まるレベルの災害では、従業員の生命の危険もあるため、病院や役所、コンビニなどのインフラサービスを提供している企業・団体以外は、本来営業は避けるべきでしょう。

それにもかかわらず、従業員にそういった要求を行う経営者は、働きやすい労働環境を整えるよりも、会社の利益や命令に従うことを重視し、従業員を単なるコストや労働力としか見ていないおそれがあります。

しかし、救命や救急、鉄道・行政・マスコミ関係など災害時に社会的責務が大きい仕事においては、勤務先への出勤は必須になっています。

いついかなるときでも出勤することが難しいと感じるのであれば、「どの会社を選ぶか」以前に**「どの業界・業種を選択するか」**から考えるべきです。

その上で、前述したような「人を単なる労働力としか考えない」「古い企業文化を持っている」「危機管理意識が低い」企業を選ばないように気を付けましょう。

このような企業は、出社して働くことが仕事という古い固定観念に縛られており、リモートワークなどの柔軟性のある働き方はまず取り入れられないでしょう。

台風や地震などの災害時にオフィス出社を義務づける企業は、ＳＮＳ上などで元従業員などが情報発信をしていたりするので、比較的簡単に見つけられます。

ただ、その情報が正しいかの判断が難しいところもあるので、あくまで参考程度に活用するのがよいでしょう。

ちなみに、リモートワークが当たり前になりつつある現代において、オフィス出社しか選べない企業に対して疑問を感じる人もいると思います。

仕事柄、リモートワークもオフィス出社も両方できるのに、オフィス出社しかない場合は、**自分の希望するワークスタイルに合った仕事**を選ぶべきだと思います。

その仕事について経験が全くない場合は、最初はオフィス出社のワークスタイルのほうが、先輩がすぐ近くにいて、いつでも気軽に相談できるので、仕事を早く覚えられるメリットがあります。ともに働く上司や先輩のキャラクターも把握しやすいので、組織にも早期になじめます。

これがリモートワークしかできない場合だと、先輩が見える場所にいないため、したいときに相談できずにわからないことが増えていき、積もり積もって一人で悩みを抱え込んでしまう危険性があります。

経験者であれば、自分のペースで仕事ができるので、育児や介護、プライベートと両立しやすいリモートワークを好んで選ぶという声をよく聞きます。

なかにはチームでのコミュニケーションを図るため、月に1～2回、あるいは週1～2回のオフィス出社があるハイブリッドの働き方を望む経験者も多いです。また未経験者もスキルや経験を重ねていくと、リモートワークを求めるようになります。

そのため、**オフィス出社とリモートワークの両方が選べる環境**だと理想的と言えるでしょう。

では、「まぁ、いっか」な企業はどんな考え方を持っているのでしょうか。

従業員の安全を第一に考え、災害時にはどのように対応すべきか、**事前に計画を策定している**ことが望ましいです。

災害、事故、感染症などの緊急事態が起こった際にＢＣＰ（Business Continuity Plan：事業継続計画）に業務継続や停止判断の基準を明確に決めている企業だと、安心して業務に取り組めます。

さらに言えば出勤が困難な場合、出勤日や出勤時間、振替出勤などを調整できる仕組みを設けていたり、業務内容に応じて自宅からのリモートワークが可能な環境が用意されていることや、安否確認システムやチャットツールを活用して、従業員の安否確認をできる体制が整っているとなお、よいでしょう。

こういう制度や環境が備わっている企業だと、安心して業務に取り組むことができます。

まぁ、いっか

出社の基準が事前にマニュアル作成されている

もう、無理

休憩時間には先輩の机を拭いてコーヒーを用意する

従業員全員で掃除を行うのではなく、新人だけがトイレなどの清掃を行う。また、社内イベントがあれば、新人だけが駆り出されて買い出しや幹事を任される。本来の業務とは関係ない面倒な業務を言いつけられ、一日が終わってしまう……。

こうした企業もかなり危険です。

トイレ掃除などは、大きなオフィスビルであれば清掃業者が入っているので、従業員が行う必要はないですが、他の清掃業務については誰かが行わなければ普段の業務も円滑に回りません。

例えばオフィスに来客があれば、初期対応やお茶出しなどをする。電話は必ず新人が2コールでとる。こういった体質は、それができないとき「なんでできないんだ」というパワハラの環境を生みやすいと感じます。

さらに「もう、無理」な会社の特徴として、3つが挙げられます。

１つ目は、上司や先輩から「たばこ買ってこい」「飲み物買ってこい」「送り迎えをしろ」という**私的な用事を強要するカルチャーがある会社**です。

上司や先輩の立場を利用して新人が断りにくい状況をつくり、雑務を要求します。それも会社の業務ではなく、あくまでプライベートな用事かつ、上司や先輩自身でできることです。これは上下関係の悪用です。

２つ目は、本業に支障が出るくらい長時間の雑務を指示し、**業務時間の大半を雑務に費やすような環境**です。

忘年会や期初などの社内イベントが発生する時期がありますが、通年にわたってこうした状況が続くと、若手のスキル向上の機会が奪われることになり、いつまで経っても一人前に成長できません。

３つ目は、若手に対して身体的・精神的な負担や苦痛を与えるような**過度な雑務を強要**している場合です。

「気合が足りない」「大変なのは当たり前」といった非合理的な考えの精神論・根性

論を押し付け、相手を追い込むように理由もなく厳しく指導したり、無理な業務量を求めたり。また、業務に関係なく相手の人格を否定するような暴言や、モノを蹴ったり叩きながら大声での叱責が行われたりします。

「これはあなたの成長のためだから」と、無意味な厳しさを指導や教育として正当化することが多く、パワハラの温床になっていることが少なくありません。

こうした企業は、**従業員が写っている職場の集合写真**を確認してみましょう。

若い従業員に笑顔がない、表情が硬い、あるいは一部の従業員は明るく元気だが、その他の従業員は沈んで覇気がないなどの場合には、注意が必要です。

先輩と後輩、上司と部下との距離感が不自然なケースも、留意すべきです。それに加えて、クチコミサービスの元従業員などの意見も参考にして見極めましょう。

「まぁ、いっか」の企業を見抜く前に、ほとんどの企業においては、基本的に誰にも役割が振られていない雑務は、入社して1〜2年目の間は任されることが大半だということは覚えておきましょう。

入社後、会社のカルチャーや仕組み、人間関係を覚えるうえで、こうした雑務に関わることで、これまで面識のなかった社内外の人とも接点が持てるようになります。つまり、**自分の顔を知ってもらえるチャンス**でもあるのです。

「面倒くさい」「何の意味があるんだ」などと思わずに、こうした雑務に取り組んでみましょう。

すると、そのひたむきな姿勢や責任感のある行動が認められ、その後、主要業務において他部署の人や上長、社外の取引先の人から推薦してもらえたり、直接声をかけてもらえることがあります。

上下関係を悪用したり、本業に支障が出るくらい長時間の雑務を指示される会社以外は、比較的どの会社にも雑務はあります。

自分を磨く機会だと思ってチャレンジするのがよいと思います。「もう、無理」な会社でなければ、あなたのやっていることは誰かが見てくれているものです。

まぁ、いっか

本業に支障のない雑務は自分を覚えてもらうチャンス

第５章

面接・説明会から見極める！

─ 入社直前編 ─

もう、無理

履歴書を投げ捨てるヨレヨレスーツのタメロ面接官

面接や説明会などの選考プロセスにおいても、「もう、無理」な会社はどこか違和感があるものです。

選考中に少しでもおかしいと思う点があれば、早期に内定が出ても**すぐに快諾するのではなく、慎重に判断して決断する必要**があります。

実際にあったケースでは、面接時と募集要項で条件が違い、違和感を感じつつもそのまま入社。しかし、いざ働くも職場の人間関係が悪かったり、ＬＩＮＥで偽アカウント作成を強制され、さらには自身の容姿への陰口を言われた依頼者がいました。

面接での対応や質問での違和感は決して見逃してはいけないのです。

それでは、こうした会社を避けるためにはどこに注目すべきなのか。

面接・説明会での具体的な見極めのポイントをひとつずつ紹介していきます。

まず１つ目に、「**面接官がタメ口をきいてくる**」が挙げられます。

「〜なの？」「〜だよね。どう思う？」といった口調はやはり強烈な違和感があります。

企業にとって、応募者はまだ社員ではありません。広い意味ではステークホルダー（利害関係者）に含まれます。

なぜなら、業種・業界によってはカスタマー（お客さま）でもあるからです。

さらには、企業の選考プロセスにおいて不満を抱けば、ＳＮＳなどでその対応を拡散されるおそれもあるでしょう。

「企業のイメージやその後の採用活動に大きな影響を与える人」ととらえてもよいほどです。

にもかかわらず、平然と面接官が応募者に対してタメ口で話す。それは、このような背景を面接官がまったく理解していないことの表れでもあります。

そもそも応募者に対してタメ口をきく、というのは敬意や礼儀を欠いており、人として最低限のマナーも守れていません。

もし面接官が役職者であれば、なおさら問題です。

自分自身の振る舞いがその後、自社の企業ブランドにどのような悪影響を与えるのか、予測されるリスクを全く認識しておらず、コンプライアンスの意識が低いことを自ら示しているからです。

タメ口だけでなくあくびをしたり、椅子にもたれかかりながら話したりと**横柄な態度**をとったり、**応募者を見下すような振る舞い**も注意が必要です。

そういう対応を平気で行う管理職がいる企業は、カルチャーとしても従業員を大切に思わない傾向があるかもしれません。

また、面接官の話し方だけでなく**身だしなみ**も気を付けて見る必要があります。

面接官を誰が担当するかによりますが、工場や現場勤務の役職者の場合は作業着、営業や事務系の役職者ならカジュアルであってもジャケットを着用して行うことがほとんどです。

作業着については汚れていても気になりませんが、スーツがヨレヨレだったり、ネクタイが曲がっていたりすると、応募者は非常に気になります。

「自宅に帰れないくらい忙しいのか」「役職者ではないのか」「上司や同僚など職場の人たちはどう思っているのか」など、疑問とともに働き方や職場での人間関係などに不安を抱くと思います。

面接官は企業の顔でもあるので、こうした状況に遭遇した場合は、合格の連絡が来ても見送るか、他の情報を参考にしながらじっくり検討したほうがよいでしょう。

面接官はビジネスマナーを守って、応募者に対して敬意や誠実さを示すことが大前提ではありますが、必ずしも面接官がスーツを着用してガチガチの敬語で臨むことが正しいわけではありません。

工場や倉庫、建設現場での仕事の募集では作業着、営業職はスーツ（カジュアルスーツ含む）、事務職やエンジニアならカジュアルな服装になってくるでしょう。

面接官が普段の仕事着のまま面接に臨んでいる企業のほうが、等身大のリアルな仕事の雰囲気を感じられます。

さらに言えば、**タメロであっても応募者が不快に感じないケース**もあります。

それは応募者の緊張を和らげ、距離を縮めるためのコミュニケーションの一環としてあえて面接官が行っている場合です。

「うんうん、〇〇でしたよね。わかるわ～」というようにくだけた雰囲気の中でタメ口を使っている場合は、面接官の態度自体は丁寧で、あなたに対して敬意も感じられるでしょう。

社風や待遇、業務内容などにおいて魅力を感じる企業であれば、就業先として考えてもよいと思います。

ただしその際は、役職付きの人、あるいは社長がどんな言葉遣い・服装・態度なのかを必ずチェックするようにしましょう。それらがその企業の隠れた「風土」を表しているからです。

面接官の自己紹介の際には、名前と部署名を聞き逃さずに、どういう立場の人なのかを理解したうえで面接に臨むようにしましょう。

まぁ、いっか

清潔感のある仕事着の敬語面接官

もう、無理

面接官が強い口調で精神論を押し付けてくる

「うちはやる気のあるやつばかりで仕事に熱心なんだよ」

「経験よりも気合が大事」

など、面接で**精神論を押し付けてくる面接官**も少なからずいます。

こうした面接官がいる企業も、問題がある可能性が高いです。

まず精神論に頼っている時点で、その面接官（管理職）は、仕組みで課題を解決する合理的な考えを持ち合わせていないことが多いからです。


こういった体制の場合、成果が出ているときは問題ないですが、成果につながらない場合は、上司の精神論によるプレッシャーが強くかかってきます。

そうなれば、メンバーたちは仕事のモチベーションを下げるだけでなく、ストレスを抱え、ひどくなればメンタルの不調を引き起こす可能性すらあります。

そもそもこういった精神論を振りかざす上司は、現状の課題を分析して新たな施策を提案したり、導入する論理的な思考があまり得意ではありません。

そのため、従来のやり方が通用しないことは明白なのに「根性だ」「気合だ」といったワンパターンのやり方を繰り返すことになります。

当然、社員も心から「やろう」「がんばろう！」というポジティブな動機が生まれてこないのです。

出口が見えないまま、精神論によるハードマネジメントが行われるので、間違いなくほとんどの従業員は精神的に追い込まれていきます。

これがエスカレートすれば、パワハラにも発展しかねません。

実際、当社でもこのような退職理由で職場を去る依頼者を数えきれないほど見てきました。

「あえてこういう環境で、自分を追い込まないとやる気にならない」という方にはおすすめですが、それ以外の方には合わないと思います。

もうひとつ注意すべきは、**「持論を展開し、頭ごなしに応募者の意見や考えを否定**

する」面接官です。

本来面接官は、応募者の特性や志向、それらが自社の考えや仕事にマッチしているのかを見極めるのが役割です。

そのため、応募者の考えや経験してきたことを自由に話してもらう環境をつくるために**傾聴する**ことが重要になります。

にもかかわらず自分の考えを一方的に押し付けたり、相手の意見を「それは違う」と遮ったりすることはしないはずです。

こうした行動をとる人は、日常的に同じような振る舞いを行っていると考えたほうがよいでしょう。

一方的に意見を主張されたり、否定的な態度をとられると、たとえ意見を求められても最後は上司が自分の意見を採用するので、「何を話しても無駄だ」と思うようになり、次第に何も話さなくなります。

このように、精神論や持論を押し付けてくる面接官がいる企業も、警戒が必要です。できる限り避けたほうがよいでしょう。

働きやすい職場や、人間関係が良好な雰囲気の職場で働きたいのであれば、いろいろな質問を聞いてもらえたり、応募者が話しやすい場をつくってくれる面接官がいる企業がおすすめです。

例えば、最初から

「当社をなぜ選んだのか」

「ご自身の強みは何ですか」

といった堅苦しい質問ではなく、

「最近夢中になっているものは」

「好きな食べ物は」

など、**プライベートの延長で話せるようなことを尋ねてもらえる面接**です。

こういう環境であれば、応募者も緊張がほぐれ、自由に自分の考えや意見を伝えることができます。

ほとんどの場合面接は60分や、長くても90分ほどの短い時間ですが、雑談も交えたいろいろな話ができると、社内の雰囲気や、面接官（上司）との接し方などもつかめてきます。

自分が面接を受けてみて、それが心地よければ、職場においても同じように働きやすい人間関係が実現できるはずです。

面接は応募者が評価される場でありますが、その一方で応募者にとっても企業の良し悪しを見極める場にもできるので、面接官が応募者の話しやすい場をつくってくれるかは必ずチェックするようにしましょう。

まぁ、いっか

面接官が雑談風に話を聞いてくれる

もう、無理

「彼氏／彼女はいるの？」質問内容にデリカシーがない

厚生労働省では、公正な採用選考を行うために、**採用ガイドライン**を定めています。それによると採用側の企業などは守るべき指針として、次の2点に留意することが大切です。

・応募者の基本的人権を尊重すること
・応募者の適性・能力に基づいた基準により行うこと

そして、この2つを守るためにも、面接では次の2つについては聞いてはいけない事項になっています。

1．本人の責任ではない事項に関する質問

・本籍・出生地に関すること
・家族に関すること（職業、続柄、健康、病歴、地位、学歴、収入、資産など）
・住宅状況に関すること（間取り、部屋数、住宅の種類、近隣の施設など）
・生活環境・家庭環境などに関すること

2．本来自由であるべき事項に関する質問

・宗教に関すること
・支持政党に関すること
・人生観、生活信条などに関すること
・尊敬する人物に関すること
・思想に関すること
・労働組合（加入状況や活動歴など）、学生運動などの社会運動に関すること
・購読新聞・雑誌・愛読書などに関すること

厚生労働省のこうした採用ガイドラインを理解しているかが、その企業が採用コン

プライアンスの周知・教育を適切に行っているかを判断する重要な基準になります。
特に「2. 本来自由であるべき事項に関する質問」に入る、「尊敬する人物は?」「愛読書は何ですか?」などは、応募者との会話を広げるうえでつい尋ねてしまいそうな質問です。

応募者側も、今された質問が公正な採用選考に基づいているのか見極めるためにも、この厚生労働省の採用ガイドラインを理解しておくことは大切です。

ただし、企業として**事前に知っておかなければ仕事に支障をきたす情報**であれば、例外の項目として質問されることがあります。その際は、それを尋ねる意図や理由を事前に説明してくれます。

例えば、終業時間が遅い仕事の場合は
「どのあたりに住んでいて、どのくらいの通勤時間を要するのか」
は、企業側としては確認する必要が出てきます。
即戦力として期待したのに、通勤に片道2時間以上かかるとなれば、途中で
「続けるのは無理なので辞めます」

となる可能性が高く、企業と応募者の両者にとって不幸な結果を生みかねません。
そうならないために、理由を説明したうえで通勤時間や住所などについて尋ね、通勤に時間がかかる場合は、本人の意思も改めて確認することもあるでしょう。

では、どういった企業なら「まぁ、いっか」なのか。

それは、**厚生労働省の採用ガイドラインを基に、面接官が質問を行っている企業**です。

具体的には、「本人の責任ではない事項に関する質問」「本来自由であるべき事項に関する質問」に抵触していないこと。

もし、そこに関する質問が出たときでも、応募者が納得できる理由を説明できれば、人事・労務全般についても法令遵守した取り組みを行っている企業として問題ないと判断できるでしょう。

まぁ、いっか

プライバシーに関わる質問でも、必要な情報のみ

もう、無理

会社説明会のスタッフが全員若手or役員だけ

人材サービス会社やハローワークが主催している転職フェアや新卒フェアに参加すると、さまざまな業種・業界の企業が会社説明会を行っています。

そこで、**若手社員が一人もいない企業**は注意すべきです。

求職者にとっては年齢の近い先輩社員の生の声を聞きたいですし、会社としても若手社員のほうが参加者と良好な関係を築きやすいため、通常であれば積極的に若手社員を導入するはずです。

それなのに中堅層やベテラン層、部長や経営陣などの管理職しかいない場合、その企業は、社内に説明会に参加できる若手がいない可能性が非常に高いです。

そんな会社に入社した場合、どのような影響があるでしょうか。まず考えられるのが、事業部などの組織に若手の受け入れ体制が整っていないことです。

これまで中途採用は行っていても30代後半～40代の即戦力が中心だったりすると、若手がイチから学べるマニュアルがない。そして導入研修も形だけで、数日間先輩に同行したらすぐに現場に出されるおそれがあります。説明会に社長を含め経営陣が顔をそろえているような企業だと、人材不足が切実な確率も高いです。

反対に役職者や経営陣が全くおらず、若手ばかりで説明会を行っている企業の場合はどうでしょう。こちらは大きく分けて２つの場合が考えられます。

ひとつは勉強の場として、**意図的に説明会の運営を若手に任せているケース**です。ある程度の裁量権を若手に与えている状況もあるため、こうした企業だと若手にとっては成長できる機会もありそうです。

応募者にとっては自分の年齢に近い人ばかりなので、気兼ねなく仕事のやりがいや大変さなどを聞くことができ、従来の説明会よりも社員に対して親近感を持つことができます。

それに同僚同士の関係性もチェックすることができるため、一部分ですが職場の雰囲気を垣間見ることが可能かもしれません。

もうひとつの理由は、役職者が他の業務で忙しく、説明会に参加できない場合です。一般の従業員に対して管理職や経営陣が少ないために、会社説明会に参加する時間的余裕がなく、若手社員に任せるしかない状況に陥っていることが考えられます。

こうしたケースでは、**上司は従業員を適切にマネジメントできていないリスク**が考えられます。

一生懸命取り組んで成果を出したことに対しても、上司のマンパワーが不足しているために目が行き届かず、頑張りを正当に評価してもらえない可能性もあります。

また、経営側と従業員をつなぐパイプ役が少ないばかりに、組織として一体感が持てず、空中分解の結果、次々と離職者が出てくるおそれもあります。

このように、会社説明会では内容だけではなく、スタッフの構成要素に偏りがないか必ずチェックするようにしましょう。

説明会では、**役職者1名と若手社員数名（男女）**が参加しているのが理想です。

その人員構成であれば、応募者は自分の年齢に近い社員にリアルな現場の話を聞けるだけでなく、会社全体のことや将来の展望についても、事業や経営のことをより理解している管理職や経営層に直接話を聞くことができます。

男性側の意見、女性側の意見を含めて会社を多角的な視点から理解することができるので、入社してからのギャップが少なくなることも大きなメリットです。

しかし、企業側が応募者に対して**極端に手厚い接遇**を行ってきた場合は要注意です。自社の社風や人間関係などを隠している、または切実な人材不足のおそれがあるからです。

礼儀や敬意を払いつつもフランクで親しみやすい対応で、そこに不快さを感じなければ、その会社の風土や雰囲気は応募者の志向性に合っているでしょう。

ぜひ、説明会に行く前には、ホームページ等で興味のある会社のことをチェックして、事前に若手社員や役職者に質問することを2～3つ考えて臨むようにしてください。そうすれば、会社の実態についてある程度把握できるはずです。

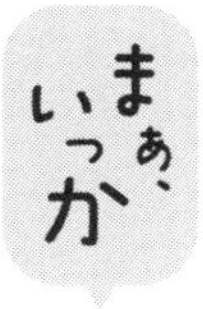

会社説明会には若手（男女）と役職者が参加

もう、無理

上司と話をしている部下の顔がずっと無表情

企業の本社などで面接が実施される場合には、面接時あるいは面接前後に社内の様子を見るチャンスがあります。

その際、部下が上司の言動にどういうリアクションをとっているかを見れば、そこから上司と部下の関係性をつかむことができます。

例えば「これ頼むわ」と上司から依頼されたときに部下が「いいですよ、承知しました」と、主体的かつ自然体で対応できていれば、部下の上司に対する尊敬・信頼の念が合わせて感じられます。

反対に部下がピリピリしていたり、上司にしゃべりかけられても無表情のまま「かしこまりました」という感情のない返事だった場合、かなり問題です。

応募者が見に来ているにもかかわらず、つっけんどんな対応しかできないのは「外部の人によく見せよう」というポーズすらできないほど、上司と部下の冷え切った関係が常態化していると考えられるからです。

合わせて、上司が部下を**どのように呼んでいるか**も確認しておきましょう。

いまだに部下を名前ではなく、「おい！」「おまえ！」と呼ぶ上司もいます。

上司が呼び捨てにしている場合は、部下との信頼関係が深いか、もしくはその逆かのどちらかです。このときはできる限り観察して、どちらのケースなのかを見極める必要があります。

また、**職場の従業員の声の大きさ度合い**もチェックの対象です。

例えば、声が極端に大きかったり小さかったりすると、コミュニケーションの妨げになり、仕事をしていてもストレスを感じることがあります。

ある依頼者は、職場で常に怒号が飛び交っている環境がストレスになり、ついに耐え切れなくなり退職代行を利用しました。

自分がその職場にいることを想像したときに、本当に楽しんで働けるかで考えるのがよいでしょう。

そういう意味では、誰もしゃべらず黙々と作業している環境も、自分との相性によりますが、働くうえでは窮屈な環境かもしれません。

「職場で思った以上に多くのことがわかるんだな」と感じていただいたみなさん。

もうひとつ、アドバイスです。

実は、**面接場所を案内してくれる社員の表情**からも、会社の雰囲気は読み取ることができます。

ここで見るべきポイントは、最初に挨拶してくれるか、ふてくされていないかです。訪問した際に、社内で面接予定があることが社員に共有されておらず、「何のことですか?」と言われてしまった場合、その企業では上司や部下、部署間でのコミュニケーションや、お客さまへの接遇マナーが徹底されていないおそれがあります。察するに「あまり仲の良い職場ではないかもしれない」という予測も立てられると思います。

上司と部下の間に、お互い信頼し合える絆がある。そういう職場であれば、新たなことにチャレンジして失敗したとしても責められず、むしろ認めてもらえるでしょう。この上司のためなら、難しい仕事でも頑張って成果を出そうと思えるはずです。

例えば、「おまえは馬鹿か!」という上司の言葉も、信頼関係が醸成されていれば、「ほんとそうなんですよね」と笑顔を交えて、反省できるやりとりを垣間見ることができます。

このときも上司のアクションを見るのではなく、**部下のリアクション**に注視して判断するのがよいでしょう。

このように上司と部下の間で良好な関係ができていれば、上司がうまくマネジメントすることにより、リーダーをしっかり育成することができるので、上司と部下という関係性だけでなく、同僚同士においても確固たる信頼関係が築けるようになります。

なお、上司の部下への言葉遣いについては、業種・業界によってもかなり違いが出てくるので、言葉遣いや上司の態度だけで判断しないこと。

総合的な視点で会社を評価することをおすすめします。

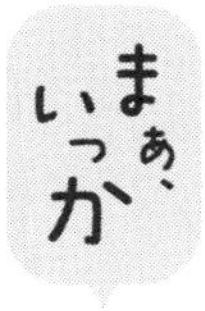

上司の話に部下が苦笑いしながらもツッコミを入れている

もう、無理

新人はエレベーター使用禁止！ 社内の謎ルール

２０２２年にはパワハラ防止法（労働施策総合推進法）が施行され、中小企業も含めて完全義務化されたにもかかわらず、体育会系のような過剰に部下が上司を敬い、従順であることが求められる企業がいまだに存在します。

社長や上司、先輩に対して、大きな声であいさつをするのは礼儀として当たり前だと思いますが、こうした企業はそれだけにとどまりません。

例えば、新入社員は３Ｆのオフィスのエレベーター前で社長を見送った後、１Ｆまで階段を使ってダッシュで下り、社長がエレベーターから出てくるのをお辞儀しながらお待ちちする。

端から見ればコントのような光景ですが、このように**厳しい上下関係**を押し付けてくる、あるいは文化として根づいている企業は要注意です。

また、飲めない人に対してアルコールを強要する「アルハラ（アルコール・ハラスメント）」は論外ですが、その他にも、業務時間外の会社の飲み会に強制参加させたり、たばこを吸わない部下や後輩を喫煙所までついて来させたり、連れていくのもスモークハラスメントの行為にあたるため、注意が必要です。

営業などの同行で社用車を利用する場合、部下が運転している際に「ゆっくりたばこが吸えるから」と、上司が許可も得ずに喫煙するのも、**ハラスメント**になります。

部下が不快に感じ、精神的な苦痛を受けるだけにとどまらず、健康を害するリスクもあるからです。

このような場合、風通しがよい職場ならば「〇〇さん、やめてくださいよ」と部下が上司に伝え「悪い悪い、１本だけ」という会話がなされるでしょう。

しかし、上司の言動や行動は絶対的で、自分の思いをストレートに吐き出せない関係性や空気が入社前にすでにできあがっていると、それを入社後に覆すことはほぼ不可能です。

飲み会の強制参加のように、会社の一方的な考えでルール化されている制度やイベントが存在する場合は、**体育会系**の文化が色濃く残っている可能性が高いです。

そういう企業は、飲み会だけにとどまりません。他にも、従業員にとって理不尽だと思えるルールが必ず存在します。

依頼者の会社で実際にあったルールでは、「役職者全員にあいさつをしないと外出できない」「遅刻を2回するとご飯を奢らなくてはいけない」「熱がない限りは出勤」など、理不尽な制度が多数ありました。

ハラスメントとつながっていることも多いので、説明会や面接などで「飲み会の参加率や、アルコールが苦手な人はどうしているのか」など、社内の雰囲気を尋ねる際にこうした質問をすることが、見極めるひとつのポイントになるでしょう。


前にもお伝えしたように、業務時間内の制度やイベントであれば、従業員が全員参加するのは当たり前だと思います。

しかし、業務時間外の活動の場合は、「参加する、しない」あるいは「やる、やらない」の選択権を従業員に持たせるべきです。

つまり、従業員が「参加せずに断れる」「やらないと言える」選択肢のある企業なら、不要なストレスを感じることなく仕事に専念できるでしょう。

本人は「行きたくない」「やりたくない」という思いがあるにもかかわらず、その意志に反する行動をとる一番の大きな理由は、それをしなければ自身の評価が下がったり、周囲から孤立するおそれがあるからです。

面接で「独自ルールが存在しているのか」を確認するのはなかなか難しいと思います。そこで**社内イベントの参加率や、内容を聞いてほぼ１００％参加している**、というのであれば企業体質を疑ったほうがよいでしょう。

一方で、社内に「新入社員はエレベーター使用禁止」といった変なルールがあっても、「それ変じゃないですか？」と言える度胸がある、もしくはそういった雰囲気を楽しむことができるのであれば、ひとつの経験としてチャレンジしてみる価値はあるかもしれません。

まぁ、いっか

新人でも断れる環境、もしくは納得できるルール

もう、無理

敬語も宛名も署名もない即レスメール

近年ネットメディアの普及により、就職活動や転職活動もメールやWebツールが主流になっています。

求職者も文章スキルを高めていると思いますが、その一方でメールに宛名や署名がない、御中などの敬称がついてないといった、**ビジネス文書が書けない企業の担当者**がいます。

実際に、私たちが対応したとある企業からは「おk」と、まるで友達のような返信が来たこともあります。そして、そういう企業は、退職代行サービスで電話をしても、対応が横柄なことが多いのです。

これは私たちの経験則から導き出した答えと言ってもよいでしょう。

やはり、大手企業など社会的に信用のある会社だとメールや電話対応も非常に丁寧です。ビジネスマナーに則った体裁で書いており、かつ言い回しも相手に配慮のある文章を作成しています。

このように就職・転職活動で正しいビジネス文書を書けるかで、就業先として検討できる企業か判断することができます。

そのほか、「info@・・・co.jp」「recruit@・・・co.jp」などの代表アドレス（問い合わせメールアドレス）ではなく、「@gmail.com」などの**無料ドメイン**で送ってくる企業も要注意です。

属人化した仕事のやりとりをしているおそれがあり、会社全体での情報共有や管理が行き届いていない可能性があります。

また、メール関連では「時間」からもブラック企業かある程度判断ができます。

例えば、時間帯で考えたとき、20～23時あたりにメールが送信されてくるようなら、長時間労働の可能性が考えられます。

さらに、**あまりに速いレスポンス**も考えものです。

最近では、企業とのやりとりもメール以外にＬＩＮＥなどのChatツールでのやりとりが増えてきています。

これらのツールを送信した後に、企業側からの返信が異常に早かったり、既読の表示がすぐについたりすると迅速な対応だと思う反面、怖い印象もあります。

応募者からの連絡をずっと待ち続けているようなイメージがあり、「そこまで即レスを強制させられているのか」と勘繰ってしまうからです。

また、**面接後のレスポンスの時間**も同様です。

最近では合否の連絡が1週間以内に送られてくるのが一般的ですが、1週間を待たずに1〜2日で連絡が来ることは、「かなりの人材不足」とも受け取れます。

万が一、面接での手応えがなかったときに、「ぜひ採用したい」と連絡があった場合は、誰でもいいから採用したいという可能性が高いと見てよいと思います。

なお企業からの合否連絡には、電話の場合もあります。電話だと相手の年齢が高ければ高いほど、応募者を年下だと思って軽い感じで話をされることもあります。

その対応にモヤモヤしたり嫌だな、と思ったら入社を立ち止まってもよいかもしれません。

さきほど面接の合否の連絡は1週間程度で来るとお伝えしましたが、なかには2〜

3週間後に連絡が来るケースもあります。そんなに遅くなると「だめだったか」と不安になるでしょう。

しかし、私の考えでは2～3週間後にもらえるメールや電話は「新たな欠員が出た」「他の求人サイトで採用できなかったので保留にしていた」などの合格の連絡が多いもの。つまり、そう簡単に判断できない事案が発生した場合もあるのです。

「連絡が遅い」のはネガティブなイメージを持ってしまいがちですが、このように必ずしもマイナスばかりではありません。

ただし、あまりに遅いといくつもの企業を並行して応募している人にとっては、そこまで待てないことが多いと思います。

こうした遅くなる合否の連絡にも対応できるようにするには、面接が終わった段階で、いつまでに合否の連絡をもらえるのかを事前に確認してみましょう。そうすれば、ある程度は返事の時期がわかると思います。

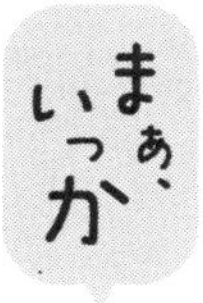

返信に1週間以上かかるが、きちんとしたビジネスメール

もう、無理

面接の開始時間が予定から1時間以上経ってから

企業によっては、面接が従来の勤務時間を超えて行われることがあります。一番多いのは18時〜19時に行うケースです。多くの場合、少しでも応募者の間口を広げるために、就業中の応募者が面接に来られる時間帯にあえて設定しています。

そうではない場合、とくに営業部の面接でよくあるのが「採用責任者が勤務時間帯はメンバーたちの商談に同行したり、社内の経営会議などで予定が埋まっており、空いている時間がそこしかない」というケースです。

たしかに大きな商談があれば、面接のためにその予定を切り上げることはほとんどしません。優先順位としては、あくまで本業のほうが高いですから。

ですので、面接時間が定時を少し超えているからといって、長時間労働を強いられる企業とは必ずしも言えません。

ただし、「21時まで面接対応ができる」という企業は要注意です。

これは、「その時間帯まで通常業務を行っていますよ」という間接的なメッセージです。そういう企業は、**長時間労働が日常化**している可能性があります。

しかし、学生相手の新卒採用であれば、夜間の時間設定ではなく午前中かもしくはお昼に行われるはず。

どの年齢層を対象にした面接なのかは、注意して確認するようにしましょう。


なお、面接時間が相手都合で当初よりも15～30分ほど遅れてしまった場合は、どうとらえればよいのでしょうか。

応募者側からすればあまり気分がいいものではありませんが、面接官が役職者の場合、こうしたことは度々起こるもの。面接官の前の予定が長引くと、その後の業務が必然的に遅れることになります。特に中小企業だと、役職者や経営層はさまざまな業務を兼務していることが多いのです。

応募者からすると1社しかない大切な面接ですが、企業側にとっては多くの候補者のうちの一人であるため、こうしたことは起こり得るものと理解し、遅れただけで「ルーズな会社だ」と決めつけないほうがよいでしょう。

そんな中でやはり、30分以上遅れて面接を始めるような企業は、求職者（応募者）を選ぶ**「買い手優位」**志向から脱却できずにいると思います。

もしくは、応募者に対する敬意や配慮がなかったり、そもそも面接官にスケジュール管理能力が欠けている危険性があります。

その際スケジュールの再設定などの提案がなければ、注意する必要があるかもしれません。


面接開始時間が大幅に遅れることは、ビジネスとして考えれば本来起きてはいけないことです。しかし、人が介することなので間違いや誤解はつきものです。

例えば、面接があまりに重なったため、面接官がスケジュール調整をミスしてタブルブッキングしたり、急なトラブルが突然発生し、優先して対応しなければならなくなったり。あるいは関係者による情報伝達のミスが起きたのかもしれません。

いずれにしても状況を把握した時点で、再び予定を組み直すか、何時からスタートするかを待っている応募者に伝える必要があります。

その際に、「時間をとらせてしまい、申し訳ありませんでした」「担当者の前の仕事が押していて、スタート時間が遅くなりご迷惑をおかけしました」と、**誠心誠意の謝罪も含め、真摯な対応を行えるか**が判断材料となるでしょう。

相手が納得できる誠意のある対応ができる企業であれば、就業先として選ぶ価値はあると思います。

世の中に良いサービスや、魅力的な製品を提供していても、大事になってくるのは、どんな人と働くかだと思います。

社会人として心ある対応ができる人がいれば、信頼関係を築くことができ、仕事において理不尽なことを言われたり、されることは少ないはずです。

面接や説明会で対応してくれる人の振る舞いをしっかり見て、判断するようにしましょう。

まぁ、いっか

遅れてもきちんと理由の説明と謝罪がある

第 6 章

企業体質から見極める!
― 時間編 ―

もう、無理

履歴書は手書きじゃないと認めない！

「もう、無理」な会社を見分けるのに、意外な方法もあります。

それは、時間泥棒の会社を見抜くことです。

ここでいう時間泥棒とはさまざまな意味がありますが、最も問題なのが、業務効率の悪いことばかり行っていることです。

業務効率の悪さは従業員の生産性が上がらないだけでなく、モチベーション低下や創造性の欠如を招きます。さらには離職率の上昇につながるなど、根本的な問題をはらんでいるのです。

では、具体的にどういったことが貴重な時間を失うことにつながるのか見ていきましょう。

まず挙げられるのが、手書きの履歴書しか認めない**アナログ至上主義**の企業です。

ＤＸ化が加速し、さまざまな業務のデジタル化が進む世の中で、手書きの履歴書提出を強制する企業は、提出書類や業務日報、注文書・発注書なども手書き、紙でやりとりしている可能性が高いです。

業界全体がアナログの場合もありますが、いずれにしても昔ながらのやり方にとらわれている「時代遅れな企業体質」が見えてきます。

このような企業に20代〜30代のデジタルネイティブ世代が入社すると、おそらく業務のあちこちに「無駄だな」と思うものが見つかるはずです。

例えば、「アプリなどのデジタルツールを使えば、過去のデータを流用して一発で注文書の作成ができるのに……」「勤怠管理システムを入れれば、クラウド上で管理できるから楽なのに……」こんなふうに思うかもしれません。

さらに紙文化の場合は、上長に承認を得るにも１〜２日の時間差が生まれます。スローな対応にイライラすることもあるでしょう。生産性が上がらないメカニズムのせいで業務の無駄が多く、結果的に**長時間労働**を強いられることになります。

長時間労働で自分の大事な時間を奪われる。これこそ、「時間泥棒」と言っていいでしょう。

また物事が進むスピードが遅く、経営陣も迅速な対応ができないため、競合他社に後れをとり市場で生き残っていけないことも安易に予想できます。

少し話が飛躍しましたが、手書き文化または紙文化にこだわる企業は、将来が見通せていない可能性があります。

入社を判断する際のひとつのポイントは「手書き」を強要する企業か確認することです。紙とデジタルが混合している場合は、ほとんど問題ないでしょう。

例えば、履歴書や職務経歴書などは管理・保管する観点や従業員のＩＴスキルなどから、すべてを電子化するのは難易度が高いもの。紙のほうが管理しやすい、という面もあるのです。

ただし、デスクの上が書類で山積みになっていたり、大量の紙が社内にある場合は、書類を管理しきれていない可能性があります。

面接の際はこのあたりもチェックしたいものです。

では逆にペーパーレス化を導入し、推進している企業はどうでしょうか。

一見すると最先端な企業であり、確かな将来性を見込めそうではありますが、それだけで「いい会社」と決めつけるのは早計です。

ポイントは、**従業員がその環境に対応できているか**です。

デジタルやＩＴに苦手意識がある従業員にとっては働きづらい環境に置かれてしまい、かえってモチベーションが下がっているかもしれません。

業務効率化や生産性向上のために導入したデジタル化が形骸化し、その目的を果たせなくなっている場合もあります。

そういう意味では、紙（書類）によるオペレーションを残しつつ、デジタルに苦手意識がある従業員も、これならできるという段階から順番に取り入れていく。

「紙とデジタルのバランスを考えた環境」が、安心して働ける企業と言えるでしょう。

まぁ、いっか

手書き文化が残っていてもデジタル化を進めている

もう、無理

夜中でも映画館でも仕事の電話が鳴りやまない

仕事が終わってオフィスを退社。

「さあ今日はのんびり家で動画でも見よう……」

そう思ってくつろいでいると、22時頃なぜか上司から大量のメールが入ってきてしまいました。

しかも「至急返事をください」なんてご丁寧に書いてある。やむを得ずメールを返し、そのまま結局自分の時間はつぶれてしまった……。

あるいは、休日に映画館で映画を見ていると、マナーモードにしていた電話がずっと鳴り続けている。あまりにずっと鳴っているので「緊急だろうか」と思って映画館の外に出てみると、上司から急ぎの連絡が入っていた……。

みなさんもこんな経験はありませんか？　私は前職でよく経験しました。

この2つの事例は、勤務が終わっているにもかかわらず、結局仕事をしているケースです。もちろん、従業員は連絡をとらない選択もできますが、勇気がいることでもあります。

日本人は良くも悪くも自分の意見を言うことが苦手な人が多いもの。「上司もこんな時間まで仕事をしているんだから、自分が返事をしなかったら明日なんて言われるか……」あるいは、「組織の和を乱すと仕事が円滑に進まなくなるから嫌だけどメールしよう」そう思ってやむなく対応してしまうのです。

このような時間泥棒の企業は、従業員が業務時間外であっても対応してくれるとわかったうえで、従業員に連絡をしているのです。

私からすれば、こうした強制を強いる会社は日本人の国民性につけ込んでいるとすら思います。

では、前者で挙げたような時間泥棒の企業を見極めるにはどうすればよいのでしょうか。大きく分けて2つの方法があります。

ひとつは、「**いつでも連絡が来て当たり前**」が慣習となっている業界・業種はあると認識しておくことです。

サービス業や建築・医療現場、さらにはＩＴ関係の仕事、出版関係もそうした慣習があると思ってよいでしょう。

恋人とデート中だろうが家族と食事中だろうが電話に出て、対応することが必要になります。

休みの日でも心が落ち着かず、心身ともに過剰な負担がかかることになりますが、それも含めて「仕事」なので、自分自身である程度覚悟を持っておくことが必要になります。

ちなみにそういう業界はビジネスモデルとして、仕事が個人の裁量に大きく委ねられていたり、個人経営で組織としての労務管理が行き届いていなかったりするため、従業員にしわ寄せが集中する傾向にあります。

「本当にこの業界・業種に行きたいか」も含めて検討するようにしましょう。

もうひとつは、**面接時に直接聞いてみる**ことです。

一般企業において時間外も連絡が来るのか。正確に判断するためには、企業側に直接聞いてみないとわかりません。

面接時に「休日でも会社から連絡が来る場合はありますか？」といった質問や「定時後にメール・電話対応が発生する場合もありますか？」などストレートに聞いてみましょう。

そこで、嘘をつくことなく「多少はあります」という会社であれば、検討してみてもよいと思います。

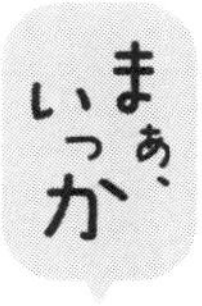

定時後の電話があっても納得できる会社（職業）

もう、無理

残業時間が100時間を超えていても残業代は支払わない

勤務時間が9時~18時と定められているにもかかわらず、19時から定例ミーティングが予定されていたり、21時頃に取引先から当然のように連絡が来るケースがあります。

これが残業時間として適切に扱われていれば労働基準法には抵触しませんが、そもそも勤務時間外に定例会議を組むこと自体、会社が残業を当然視している姿勢を示していると言えます。

このような会社は要注意です。

さらに劣悪な会社の場合、**残業手当がつかない仕事**を任される場合もあります。

たとえば、保険のセールスや戸建て住宅販売のような個人相手の営業になると、お客さまの仕事が終わってからの商談になるため、仕事帰りの時間帯が深夜になることも少なくありません。

これらは残業に含まれて当然ですが、実態はそうではないことも多いようです。とある営業職の依頼者は、月のサービス残業時間が30時間超え、土日出勤は当たり前、有休を取得した日すら出勤しているというケースがありました。

その背景には「生産性の低い仕事しかできない奴だと思われたくない」「上司から露骨に嫌な顔をされてしまうから」といった、心理的なプレッシャーがあったのでしょう。

従業員にとって正当な権利であるはずなのに、多くの従業員は残業の申請をためってしまう。そうなればますます精神は追い詰められ、体も休まらないという悪循環に陥ってしまいます。

では、こうした企業をどのように見分ければよいのでしょうか。

ポイントは２つあります。

１つ目は、**残業がどれだけあるのか？　面接で聞いてみる**ことです。

「残業時間はどのくらいありますか」と、聞いたときに「月平均30時間ぐらいですかね」と言われた場合は、10〜20時間の誤差があると考えたほうがよいでしょう。
あくまで平均なので、月の残業が10〜50時間で変動する可能性があるからです。
さらに、「月の平均残業時間ではなく、繁忙期と閑散期でどのくらい変わるのか」や、「最大残業時間はいくらなのか」と聞くとよりリアルな就業時間がつかめると思います。

2つ目は、**残業申請がどういった基準なのか？**を面接で聞いてみることです。「法に則った基準で請求してもらっています」という場合はセーフですが、違う答えを返してきたり、「うちは残業がありません」と、断言する企業は要注意です。

例えば、コールセンターや事務職の場合、仕事を終えようとしたタイミングで電話が鳴ると、そのまま対応せざるを得なくなり、結果的に残業時間を超えることが少なくありません。

にもかかわらず、「ない」という答えが返ってくると「残業は発生しているけど、出さ〝ない〟という意味で使われている場合があるからです。

これは実際にあったケースですが、「残業は30分区切りで申請する」「残業申請には上限がある」という企業がありました。ひどいと「残業手当は一切出さない」なんて

こともあります。（もちろん違法です）

そのため、仕事がありそうなのに「残業がない」発言をする企業は注意したほうがよいでしょう。

ではそのうえで、どんな企業を選べばよいのでしょうか。

ズバリ見るべきポイントは、**「みなし残業を含めず、月額給与を基本給のみで表記しているか」**です。

求人情報の給与欄を見ると、募集職種によっては基本給の他に「みなし残業代」と呼ばれる固定残業代が含まれるケースがあります。

この場合は、何時間分の残業手当が含まれているのかを明確に示すことが法律で義務づけられており、月の残業20～40時間の残業手当が含まれた月給額を表示していることがほとんどです。

なお企業が「みなし残業」を導入するのは、基本給だけだと他社に見劣りするため、月額給与を少しでも高く見せようとする意図があるからです。

もちろん月給に含まれた「みなし残業」を超えれば、超えた残業時間分の手当は別途支給してもらえるようになっています。

しかし、みなし残業の40時間を1時間超えたからといって、先ほど説明した心理的なプレッシャーにより、ほとんどの従業員は申請しません。

みなし残業には、そういう抑制効果が少なからず含まれているのです。

会社側の給与計算が簡潔になるメリットもあり、多くの企業がみなし残業を取り入れているため、みなし残業を含めた月給表記をしている企業は、慎重に給与額と労働時間を考えて入社したほうがよいでしょう。

また、基本給表示に加え、**残業が月に10～20時間程度はあるという表記の企業**も検討する価値があると思います。

時間外労働（残業）が発生すれば残業手当が全額支給される可能性が高いですし、企業としての誠実さも感じるので、安心して業務に取り組めるはずです。

まぁ、いっか

給与表示が基本給かつ、残業は10時間～20時間程度

もう、無理

「上司より先に帰るな！」残業を強いるパワハラ上司

「部下は上司より先に帰ってはいけない」という不文律が存在する企業があります。「令和の時代にそんな時代遅れの会社が!?」と驚いてしまいますが、残念ながらこういった会社もいまだに存在しています。

こうした環境の一番の問題は、仕事がないのに残業を強いられることです。

その結果、無駄な業務をつくり出し、仕事のための仕事と呼ばれる非効率な作業が発生します。

これは企業全体の方針というよりも、**上司個人による影響**が大きいです。

上司本人が部下に対して発言したことで生まれた環境ではなく、日常のメンバーに対する態度が無言のプレッシャーになり、誰も「お先に失礼します」と言い出せない環境をつくっているのです。

こうした傾向を持つ上司は、面接時にわかります。

威圧感のある風貌であったり、命令調で質問したり、横柄な態度をとっているタイプです。

また、「企業側が選定者であり、応募者は評価される側だ」という上から目線の姿勢も垣間見えます。

面接時や社内見学時に、**威圧感のある態度**が直感的に気になるようなら、合格の通知があっても承諾しないことをおすすめします。

「この面接官は部下にパワハラしそうだ」と思うと、ちょっとしたきつい発言もそう感じてしまいます。

仮に入社したとして、上司より先に帰ることが許されない暗黙のルールを上司の上の部長などに進言しても、ほぼ100%改善されることはないでしょう。

なぜなら、それを会社として容認しているからです。

部下のミスに対して感情的に叱責したり、独自のルールを押し付けることは、部下に威厳を見せつけるため、あるいは従業員全体の気を引き締めるためにも、必要だと考えているのです。

ではどんな企業なら「まぁ、いっか」なのか。

上司より早く帰っても何も言われないことはもちろんですが、現場の従業員が楽しんで業務に取り組んでいたり、高いハードルながらも成長を実感できる環境が望ましいと思います。

そしてそういう環境は、経営者自ら動いて指示を出しているのではなく、その**企業のNo.２**が現場を仕切っているケースが多いです。

経営者は誰よりも会社の一歩先のことを考え、新たな施策を打っていく必要があるため、現場の運営まで目が行き届かないことが少なくありません。

No.２の存在が、現場の円滑な運営や士気の維持、雰囲気に大きな影響を与えているのです。


私の前職の話です。

当時、私が複数の店舗を統括するエリアマネージャーとして従事していた頃、担当していた郊外の店舗運営では、店長と同じくらいそこを仕切っているNo.２の「ベテランスタッフ」と連携をとるようにしていました。

なぜなら、店長よりもスタッフとの距離が近く、どんなタイプのスタッフがいて、どうすれば個々のモチベーションが高まるのかといった、チームのよい雰囲気づくりには欠かせない存在だったからです。実際、その人のおかげで予想以上のスピードで店舗の売上を伸ばすことができました。

ただし、No.2の人材が職場にいる企業は決して楽ではありません。常に高いモチベーションを持って、新たなことにチャレンジする環境があるからです。

しかし、だからこそ自分自身が成長している手応えも感じられるはずです。

こうした企業の見分け方は、店舗があるのであれば、**現場に活気のある社員**がいるかチェックすることです。

単に声を出しているだけでなく、スタッフ同士で話をしているときも、他のスタッフが笑顔でやりとりしている光景を数多く見ることができれば、魅力的な職場と言えるでしょう。

ですので、ポジティブに、さまざまな従業員に声をかけているNo.2がいるか確認するようにしましょう。

また面接の場面では、**社長などの経営層がどのようなことを質問し、話しかけてくれるのか**も重要なポイントになります。

優秀なNo.２が育っている企業は、経営陣が若手層や中堅層を組織づくりに効果的に巻き込んでいることが多いもの。日常のやりとりから、従業員のやる気を引き出すような問いかけや働きかけをしているのだと思います。

面接においても、その一面が体感できるはずです。

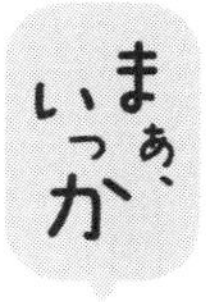

厳しくも働きやすい雰囲気をつくってくれる凄腕No.２

もう、無理

最低週4で定時を過ぎても会議orミーティング

大きな組織に多いのが、無駄な会議や打ち合わせです。管理職などを見ていると、1週間のスケジュールがほとんど会議で埋まっていて、メンバーと話す時間を確保できないことがよくあります。

大手企業で管理職として勤めていた退職代行利用者に話を聞いてみると、何のための会議やミーティングなのか「目的が明確ではない」と、感じる場面も多かったと言います。

つまり会議を「**実施すること自体が目的**」となっており、本来の目指すべきゴールを見失っているわけです。

多くの管理職は問題を認識しているものの、慣例的に続けてきた会議をやめるには参加者全員の承認が必要になるため、簡単には廃止できないのが実情です。

その結果、業務と会議の両立に追われ、自身の仕事やメンバーとの打ち合わせがどうしても後回しになり、現場に悪循環をもたらします。

このように、**明らかに無駄な時間を費やしている会議やミーティングが複数存在する企業**は、注意したほうがよいでしょう。

問題は、現場に支障が出ているにもかかわらず、それが課題だと認識せずに、業務として淡々とこなしているだけの管理職や経営者が多い組織です。

また、愚痴を言うだけで、現状を変えるようなアクションを起こさない従業員ばかりの会社も要注意です。こういう組織も、変化の激しい世の中では生き残っていけない可能性があります。

一方で就業先として考えるなら、無駄な会議をなくそうとする行動力のある管理職や、従業員の意見を前向きに検討したり、よい施策であれば取り入れたりする柔軟な考え方が培われている会社です。

さきほども触れたように、従来続いてきたやり方を変えるのは、さまざまな人を説得して考えを改めてもらう必要があるため、口で言うほど簡単ではありません。

具体的には、同僚や上長を巻き込んで複数に分かれていた会議を1つにまとめたり、不要な打ち合わせをなくしていくことになります。

そういう人が1人でも2人でもいれば、企業のカルチャーは変わっていく可能性があります。

その際、まず個人が肝に銘じておくべきは、**企業には必ず一長一短がある**ということです。

自分が求めている条件が100%叶う企業はありません。

自由闊達な雰囲気の会社であれば、自分のやりたいことができる代わりに、社員一人ひとりに自律と責任が求められます。

つまり、常に自分たちで考えて行動しなければ、事業が成り立たないビジネスモデルになっています。

反対にトップダウン型のワンマン経営は一見窮屈そうに見えますが、会社から言われた通りにやっていれば、怒られることはありません。

その分、自分で考える力が身に付かず、転職などで社外に出ようとしたときには、なかなか通用しない可能性があります。

「たしかにどちらにも良し悪しはあるな」と思っていただけたと思います。

繰り返しになりますが、自分が職場環境に求めていることをすべて叶えてくれる**完璧な会社はありません。**

ではどうすればいいのか。

「無駄な会議が多く、何も変わらない」「上司は自分たち部下の声を聞いてくれない」などと愚痴を言っているだけでなく、自ら責任と権限を与えられるポストに昇進して、自分の手で変革していく。その**気概と行動力**が、まずは求められるでしょう。

大変かもしれませんが、そうした経験は必ず自身のスキルと自信につながるはずです。ぜひ、自分の力で現状を変えていってほしいと思います。

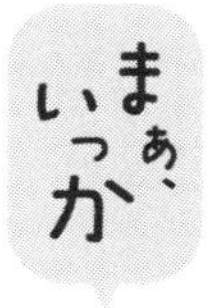

無駄な会議を減らそう！　と積極的に動く社員がいる

第７章

コンプライアンスから見極める！

― ジェンダー編 ―

もう、無理

お茶出しと来客対応は女性の仕事でしょ?

法律上、決まっているわけではないですが、女性が担当したほうが効率的にできる、あるいはお客さまに対して効果的な影響を与える仕事があります。

また、その反対に男性が行ったほうがよい仕事もいくつかあります。

生物学的な性差ではなく、社会や文化が形成した性別の役割や行動を指す「**ジェンダー**」について企業がこの概念を理解し、明確な意図を持って取り組むかで、時代に合った企業なのか大きく分かれてきます。

具体的に、どういうシチュエーションでその違いがわかるのでしょうか。

詳しくチェックしてみましょう。

まずみなさんが「あるある」と思うのが、来客の受付やお茶出しを女性従業員が対応することではないでしょうか。

別に男性が行ってもいいのに、なぜ女性が行うのか……。一方で、重いモノを持ったり運んだりするのは、女性よりも男性が担当することがほとんどです。

こうしたことを**明確に説明できるか**が、就業先として選んでよい企業かの分かれ目になります。

もちろん、その理由を説明できない企業は、従来の慣習を続けているだけで、従業員の能力を十分に活用しようとする姿勢に欠けている可能性があります。

当然ですが、「男性だから」「女性だから」と、差別するのもいけません。

きつい生理や妊娠中などで体調がすぐれずに急な休みを取る場合でも、上司などから理解が得られず、つらい思いをする社員がいる環境も要注意です。

実際、生理で休んだ際に「これって毎月あるものなの？　お客さまや同僚に迷惑がかかるんだよね」や「生理痛は甘え。ピルを飲んで生理はなくせ」と言われた依頼者もいました。生理がきっかけで退職代行を利用する人も少なくないのです。

また、経験者の話によると、そういった状況に心ない言葉を繰り返すのは、実は男性よりも女性の管理職に多いようです。

「自分は我慢してきた」「今の若い子は甘えている」といった過去の経験をもとにした厳しい態度でマネジメントを行う傾向が見られるようです。

もちろん、同性として同じ経験をしてきた者として、親身になって寄り添える女性上司もいます。

では、男性・女性それぞれの能力を活かすために配属先や担当業務を考えて配慮し、取り組んでいる企業か、どうやって見極めればよいのでしょうか。

私は2つあると考えています。

ひとつは、**面接時に直接質問する**ことです。

例えば、あなたは経理希望で面接に来た女性で、訪問した際の受付対応がすべて女性だったとしましょう。

その際、「本来業務の他に受付対応などがありますか？」と聞いてみるのです。その答えとして、

「当社に来社される取引先のお客さまは、一般的には男性が多い傾向にあります。そのため、おもてなしの際には女性スタッフが担当することで、来客者がよりリラック

スしていただける雰囲気がつくりやすくなります。コーヒーやお茶をいれるのも、手先が器用な人が多い女性のほうが慣れているので、当社では女性に担当してもらっています。場合によっては対応をお願いすることもあると思います」

こういった考えを説明してもらえる企業であれば、どうでしょう？

おそらく、納得できるはずです。

しかし、納得できる答えが聞けなかったり、「昔から女性が担当しているので」といった質問の背景まで理解していない場合や、そもそも質問の意図を理解できず「え？」という反応が来た場合は要注意です。

従来のやり方に疑問を持たず、企業として思考停止状態のおそれがあるからです。

そういった企業は、環境の変化が激しいこれからの時代、将来性が見えないリスクが潜んでいます。

もうひとつは、そういった役割を全うした場合に、**従業員に対して＋αの評価があるか**です。

例えば、「受付対応で良い対応をしてくれたらプラスに評価します」という回答が得られた場合、企業として人材を有効活用している、さらには従業員の取り組みに対して、正当な評価が行われていると考えてよいでしょう。

従業員が持つ知識や能力、素養を資本としてとらえ、ひいては従業員を大事にしている会社でもあると思います。そこから転じて、従業員による新しいアイデアや課題の解決策もきっと言いやすい職場なのだと予測できます。

面接でどのような評価を行っているのか直接質問することで、こうした企業なのか見極めることが可能になります。

ではどんな会社なら「まぁ、いっか」なのか。

さきにも触れましたが、まず、なぜその役割を女性（または男性）に任せているのかを、**会社側が従業員に対して説明できること。そして、その説明が従業員にとって納得のいく内容であり、男女差別になっていないこと。**

この2つの条件をクリアしている職場は、就業先としてふさわしい企業と言えるでしょう。

こうした仕組みが整っていることで、業務自体も円滑に回ることができるため、業務の生産性も高まり、無駄な残業を行うことも少ないでしょう。

さらに、成果に対して＋αで評価する仕組みが整っている環境では、従業員が高いモチベーションを持って取り組むことができます。

与えられた役割をしっかりこなしたうえで、努力や成果がさらに評価されるため、「頑張れば報われる」という安心ややりがいを感じられる職場となります。

この仕組みによって、個々のパフォーマンスが上がるだけでなく、組織全体の成長も促進されます。

また近年ではジェンダー平等への意識が高まり、大手企業を中心に、**女性の体調や状況に対する配慮を示す管理職**も増えています。生理休暇は法律的に認められている制度なので、本当につらいときは休むことができます。

一方で、生理のために急に休まれると業務が滞ってしまうため、人材不足の企業にとっては一定のダメージがあります。

しかし、それでも生理休暇は従業員として当然の権利です。

就業先にするなら、法令で定められた休暇の取得に対して、上司を含め従業員全体が理解を持つ企業を選びましょう。

理解のある企業には、悩みを相談できる上司・同僚がいることが非常に大切になってきます。

また、たとえ理解のある企業であっても、上司や経営陣が男性の場合、従業員は直接相談することに抵抗を感じることが少なくありません。

このような場合、同性の先輩などが間に立ち、上司や経営陣との橋渡し役を担うことで、従業員が安心して相談することができます。

そのためには、**事前に男女比や女性管理職の割合**を確認することで、女性にとって働きやすい職場か判断できると思います。

ぜひチェックしてみましょう。

まぁ、いっか

任せる理由が説明できる＆プラスの評価がもらえる

もう、無理

社員の男女比に偏りがありすぎる！

業種にもよりますが、男女比に偏りのある職場も時代に合っていません。

実際、男女比に極度に偏りがあると、居心地の悪さを感じる傾向が高いです。

多数派の性別に基づく独特のコミュニケーションが職場全体のスタイルになり、**少数派が疎外**されてしまうからです。

例えば、男性が大半の職場では、トップダウンで物事が決まり、指示も絶対的で反論などが許されない厳しい上下関係が求められることが多いです。いわゆる体育会系的な関係性やコミュニケーションと呼ばれるものです。

一方、女性が大半の職場では、チームワークや気配りの文化がある一方で、それが過度に求められたり、価値観や性格などが合わないと信頼が得られにくくなり、グループや派閥が生まれ、組織としての一体感が生まれづらい傾向があります。

こうした男女比に偏りのある職場だと、マジョリティ（多数派）によってカルチャーや組織がつくられているため、マイノリティ（少数派）にとっては意見が通りづらく、その輪の中に入りづらい場合があります。

そうなれば、より異性が入りづらくなり、新入社員も男性だけ、女性だけという環境がますます強化されてしまいます。

これまでの話は性別に関することでしたが、これは**年齢層**についても同じです。

20代の若い社員ばかりだと活気はありますが、豊富な経験がないため、企業が危機的な状況に陥った際、打ち手に困ってしまい、路頭に迷うケースが多いもの。反対にベテランやシニアクラスばかりだと、事業として継続性に問題が出てきます。

この場合も、少数派は入りづらいケースがほとんどです。

こうした性別や年齢の偏りを正そうと、マイノリティの層を募集し、大々的にアピールするのも、求人に応募する側からするといっそう怪しく感じます。

「いったいこの企業は何を考えているんだ？」と企業側の隠れた意図を応募者は感じ

てしまうのです。

この偏りは、ホームページなどに掲載されている**社内の集合写真や、求人募集の文面**などから判断できます。どういう男女比や年齢構成になっているかは、おおよそ把握できるでしょう。

もし、業界・業種の平均的な男女比よりも「男性もしくは女性が多すぎる」「年齢が高い人、あるいは低い人ばかり」というのは、社内での考え方に偏りがある可能性があります。

もしかしたら社長が「女（男）はとらない」というワンマン的な判断があるのかもしれません。

そうは言っても、体力を必要とする職種では、どうしても男性が多くなりますし、ホスピタリティが求められる医療・介護・保育系の職種では女性が多数派となる傾向があります。

そのうえで、少数派のスタッフが安心して快適に働けるように、**少数派の意見を取り入れたサービスや施設を導入しているか。**そこがポイントとなるでしょう。

こうした職場を選ぶ際には、**求人内容をよく確認**することです。

少数派の従業員にも働きやすい環境を整えている企業は、その取り組みがアピールポイントとなるため、求人情報や会社の紹介文に目立つように記載していることが多いです。

また、従業員の集合写真が掲載されている場合も、要チェックです。従業員の構成バランスを写真から見極めることができるので、企業選びの参考になります。

従業員の男女比や年齢構成に多少の偏りがあっても問題はありませんが、その偏りに配慮があるのか。面接時でも男女比を聞いた際に「少数派の社員の働きやすさ」を率直に聞いてみてもよいと思います。

サービス業であれば、**お客さまの性別**も重要になります。

実際にあった事例では、とある介護関連の会社に入社した女性が男性グループホームで働くことになり、その中で女性に恋愛感情を持ったある男性から指輪を押し付けられる、ということがありました。

もちろん、今回挙げた事例は極端なもので、「性別が違うから」というよりも個人の性質が大きく関わっています。

しかし、気になっている企業がもしサービス業であるなら、そのサービス利用者の主な性別を確認しても損はないと思います。

なお自分とは異なる属性の従業員が多い業種にチャレンジしようと考えている人は、企業側の配慮があったとしても、ある程度の働きにくさを覚悟しておく必要があるでしょう。

まぁ、いっか

男女比があっても少数派に配慮がされている

もう、無理

氷点下でもスカート！ 夏場でもスーツの上着は必須！

最近では「ネイルや髪色自由」という職場が増えてきましたが、いまだに髪色の制限や、スーツ着用の義務化やスカートやヒールの強制、ジーンズの禁止など服装制限を設けている企業が多く存在します。

これらのルールが正当な理由に基づいて運用されている場合は、合理的に物事を進めていく、生産性の高い企業と見ることができます。

例えば、工場や研究所、建設現場などでは、安全面を考慮した制服の着用が義務づけられています。

しかし、なかには曖昧な理由で服装が制限されているケースもあります。

「前例がない」という理由で、新しい提案が却下される職場や、就業規則に明記されていないにもかかわらず暗黙のルールとして服装が決められている企業は、今の時代にそぐわない**前時代的な慣習**が残っていると言えます。

実際にあったケースでは、身だしなみ自由と伝えられていたのに、「髪色が明るすぎる」という理由で入社式に参加できなかった依頼者がいました。

こうした環境では従業員がストレスを感じやすく、新しいチャレンジをしにくいため閉塞感が生まれがちです。

特に問題なのは、**合理性を欠いた服装規定**です。

例えば、「寒い冬でもヒールやスカートの着用」「女性の眼鏡着用禁止」「夏場でも男性はスーツ着用必須」といった規則は、防寒や動きやすさを無視しており、仕事の効率を下げるだけでなく、ジェンダー平等の観点からも問題があります。

このような規則を守らせる企業は、多様性を尊重する姿勢に欠け、現代の企業としての価値観がステークホルダーから問われることになるでしょう。

服装に制限がある企業かを見極めるには、ホームページなどで掲載されている従業員の格好をチェックするのが有効です。

オフィスワークであれば、面談で対応してもらえる従業員の服装を見れば、把握できます。そのうえで、「なぜ、制服を着用しているのか」など、疑問に感じる点があれば面接の場で理由を確認してみるとよいでしょう。

表面的な回答だったり、納得のいく説明が得られない場合は、そのルールに合理的な根拠がない可能性が高いので、慎重に判断することをおすすめします。

入社前に少しでも会社のやり方に違和感がある場合は、入社後も疑問を感じるはず。そうなればせっかくやりたかった仕事であっても、途中で退職してしまうかもしれません。面接時に違和感が出てきたら、確認して解決することが大切です。

言うまでもありませんが理想的なのは、服装の制限を設けていない職場です。自由な服装を選べる職場は、従業員の個性や価値観を尊重し、多様性を受け入れる文化を育む基盤になり得るからです。

従業員同士が互いを認め合いやすくなるため、結果的に**生産性や創造性の向上**にもつながります。

また、服装の選択が個人の自由に委ねられることで、従業員は自分らしさを維持しながら働けるため、職場全体の満足度も高まりやすくなります。

一方で、すべての企業が自由な服装を実現できるわけではありません。

特に、顧客に統一感のある企業イメージを伝える必要がある場合や、安全性を確保する必要がある業種では、制服の着用が義務づけられることもあります。

さらに、衛生管理や業務の効率性を重視する職場では、一定の服装制限を設けることが合理的な場合も少なくありません。

このような場合、重要なのはその制限が従業員にとって**納得できる理由**に基づいているかです。

制服や服装制限がある場合でも、その理由を丁寧に説明し、従業員が安心して働ける環境を整えている企業であれば、就業先の候補として検討する価値があります。

従業員の自由を尊重しつつ、業務に必要な制限を適切に設けるバランスのとれた企業は、信頼できるのではないでしょうか。

まぁ、いっか

服装制限があっても納得できる理由がある

もう、無理

「女性だから」仕事ができても昇進させません

現在、女性に対して昇進のチャンスを積極的に提供する企業が増えてきました。多くの企業がいち早く女性を管理職に抜擢することで、企業としてダイバーシティ（多様性）推進を社内外にアピールし、その成果を意欲的にＰＲしています。

この背景には、２０２０年に施行された**女性活躍推進法**（正式名称：女性の職業生活における活躍の推進に関する法律）があります。

これは、女性の社会進出を支援し、就労状況・条件の男女差を解消するための法律で、当初は労働者数３０１人以上の事業主が対象でした。

それが２０２２年４月からは１０１人以上の中小企業に適用され、女性活躍に関する行動計画の策定や情報公表が義務づけられることになりました。

それにより女性活躍を促進する企業の取り組みが広がりを見せています。

日本のビジネス社会は、長らく男性が優位な地位や権限を得てきた歴史があり、それが今なお残っています。

いまだに男女で給与差がある企業や、昇給・昇格の基準が男性優位になっている企業。または、女性の管理職を推奨しておらず評価制度がない企業も見受けられます。

当社にも「女性だから」という理由で正社員になれず、代わりに同年代の男性が正社員に雇用されたことから、退職代行を利用した依頼者がいました。

「ではそうした評価制度や仕組みを改善すれば女性も昇進を目指すのでは？」と思いがちですが、そう簡単な話でもありません。

これまでのように管理職に圧倒的に男性が多い職場では、女性が昇進するためには〝男性以上に頑張らないと正当に評価してもらえない〟認識が根強くあり、これが障壁となっている場合が多いのです。

それを払拭するために、企業は**女性向けの研修を設けたり、ロールモデルとなる先輩との1on1ミーティングを実施する**など、積極的な支援策を講じています。

特定の男性には特別扱いと感じられるかもしれませんが、こうした施策こそ、企業が時代の変化に対応して、旧態依然とした慣習から脱却しようとする証です。

多様化を尊重する企業は、長時間労働の改善だけでなく、育児や介護のためにキャリアを諦めた人が再び働ける環境を提供し、より多くの優秀な人材を獲得することができます。


このように働きやすい環境を整備することは、企業の持続的な成長にも寄与します。

そのため、旧態依然とした考え方が根強く残っている企業を見極めるには、その企業が**どれほど本気で女性活躍に取り組んでいるか**を判断基準にするとよいでしょう。

世界経済フォーラムが毎年発表しているジェンダーギャップ指数では、日本は146か国中118位（2024年）といまだ低い順位にとどまっています。

日本の女性管理職の割合においても日本企業の平均は約10％前後で、アメリカは約40％、フランス約35％と、先進国の中でも最も低い水準です。そのため、2030年までに女性の管理職登用を30％以上にする目標を掲げている企業もあります。

このように女性の昇進や働きやすい環境づくりに真摯に向き合っている企業は、未来志向であり、性別関係なくよりよい職場文化を築いていると言えるでしょう。

これからの時代、トップの考え方だけで事業を進めるのではなく、多様な考え方を取り入れることが求められます。

異なる価値観や視点を反映することで、新しい発想や解決策が生まれ、より柔軟で創造的な結果を生み出せるからです。

そのためには、**ダイバーシティを推進している企業**を選ぶのもひとつの方法です。

女性活躍を積極的に行っている企業に入社した場合、自分と価値観や考え方の違う同僚や先輩と数多く関わって、自分が苦手とするような領域において、強みを発揮する仲間をたくさんつくることができるでしょう。

彼ら彼女らの意見も取り入れて、新たなことにチャレンジすることで、自分自身のステップアップもできるようになります。

多様な視点が集まることで個々の弱点を補い合い、強いチームや組織をつくる基盤となります。多様性を活用する姿勢が、新しい価値を生む鍵となるでしょう。

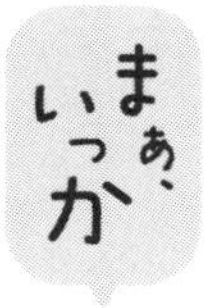

女性の管理職が少なくても、女性躍進を進めている

もう、無理

男性の育休は有給で何とかしろ！

昨今、女性だけではなく、男性も育休取得が進んでいます。

２０２３年度の厚生労働省の調査によると、何と男性の育休取得率は初めて３割を超えたのだとか。その背景には政府の後押しもあるようです。

「産後パパ育休」制度では、「子の出生後８週間以内に４週間まで、２回に分割して取得できる。労使協定を締結した場合は、労働者が合意した範囲で休業中の就業も可能」というフレキシブルさも取得のしやすさに影響しているようです。

子育ては人生イベントとしても大事な要素のひとつ。

また昨今は核家族化・夫婦共働きがスタンダードですから、もはやパパも育児に参加しないと家事育児ができない、とも言えるでしょう。

しかし、逆に言えば **「7割が未取得」** ということも忘れてはいけません。

多くの企業ではまだまだ**男性の育休取得に消極的**なのです。

けれど、企業側からすると男性の育休取得に慎重なのもわかります。

「これまでに男性で育休取得をした人がいない」という会社の歴史が絡んでいる場合や、「育児は女性がするもの、男性は稼いでくればいい」という会社の文化がある、さらには「仕事が忙しくてとても育休を言い出せる状況ではない」という会社の人材不足が起因している場合もあるでしょう。

そのため、「男性育休が取れない＝もう、無理な会社」は早計だとも感じます。

実際、男性育休取得制度を本当に活用できている企業は、まだまだ少ないのが現状です。

また、男性育休の取得実績がない場合は、一人の力ではなかなか現状が変わらないか、社員に疎まれながらも無理に育休取得をせざるを得ないことがほとんどです。

そのため、ワークライフバランスを重視して、積極的に家事育児に取り組みたい場合は、育休取得率の高い企業を選んでいくことが何よりの近道となるでしょう。

本書を読んでいるみなさんが男性で独身の場合、まだ結婚・育児のことは具体的にイメージできないかもしれませんが、そうなったときに自分がどうしたいか、を考えて会社選びをしておくのもよいと思います。

ワークライフバランス重視か見極めるには、求人情報の「**育休取得率〇割。男性育休取得率〇割**」といった記載が「パパママが多く活躍しています」というアピールのため、ある程度把握することができます。

その企業は育児サポート体制があると見て間違いありません。ひいては、子どもがいても働きやすい、パパママ社員がいることも間接的に把握できます。

男性育休の有無で会社を選ぶのはなかなか現実的ではないかもしれませんが、育児を積極的にしたいと考えている場合はチェックして損はないと思います。

また、面接の際に「子どもができたら積極的に育児をしたい」「可能なら育休取得をして妻をサポートしたい」という希望を前向きに伝えることも大切です。

そうすることで、会社側も「この人は家事育児に積極的な考え方を持っているんだな」と理解してくれますし、何より会社側も準備ができます。

実際、私の知人で育休を取得した男性がいます。その人は前もって「仕事も家庭も大事にしたい」という**スタンスをオープン**にしている人でした。

しかし、いざ子どもができて育休申請をしようとしたときは「周りのみんなに迷惑がかかるかもしれない」と躊躇したと言います。

しかし、余裕を持ったスケジュールで、かつ引き継ぎまで考えたうえで上司に相談したところ、スムーズに育休が取得できたそうです。

彼のように、普段から仕事をしっかりこなして周りとの信頼関係を築いておき、周りに配慮したスケジュールで育休の話をすれば、きっとうまくいくでしょう。

今後そういった例も増えていくと思いますが、大事なのは、自分のスタンスをあらかじめ伝えておくこと。

例えば部署異動のときなど「将来的に育休を取得したい」と、さりげなく上司に伝えておくなども一案です。

まぁ、いっか

周りへの配慮をしておけば男性も育休が取れる

第 8 章

“今”知っておきたい
退職代行のこと

話題の退職代行サービス、どんな人が使っている？

退職に関して多くのことを述べてまいりましたが、では実際当社の退職代行サービスはどんな人が使っているのか。

まず、次ページのグラフを見てください。

これは、2022年3月15日～2024年7月31日までに退職代行モームリを利用した、1万2427名に実施したアンケート結果です。

これを見ると、職種別で最も利用されているのが**サービス業、次いで製造業**となっています。

ここでいうサービス業とは、主に接客を伴う業務のことを指しています。

サービス業における慢性的な人手不足や、それに伴う過重労働、また「カスタマーハラスメント」と呼ばれるお客さまからのハラスメントなどが退職代行を利用する背景にあると考えています。

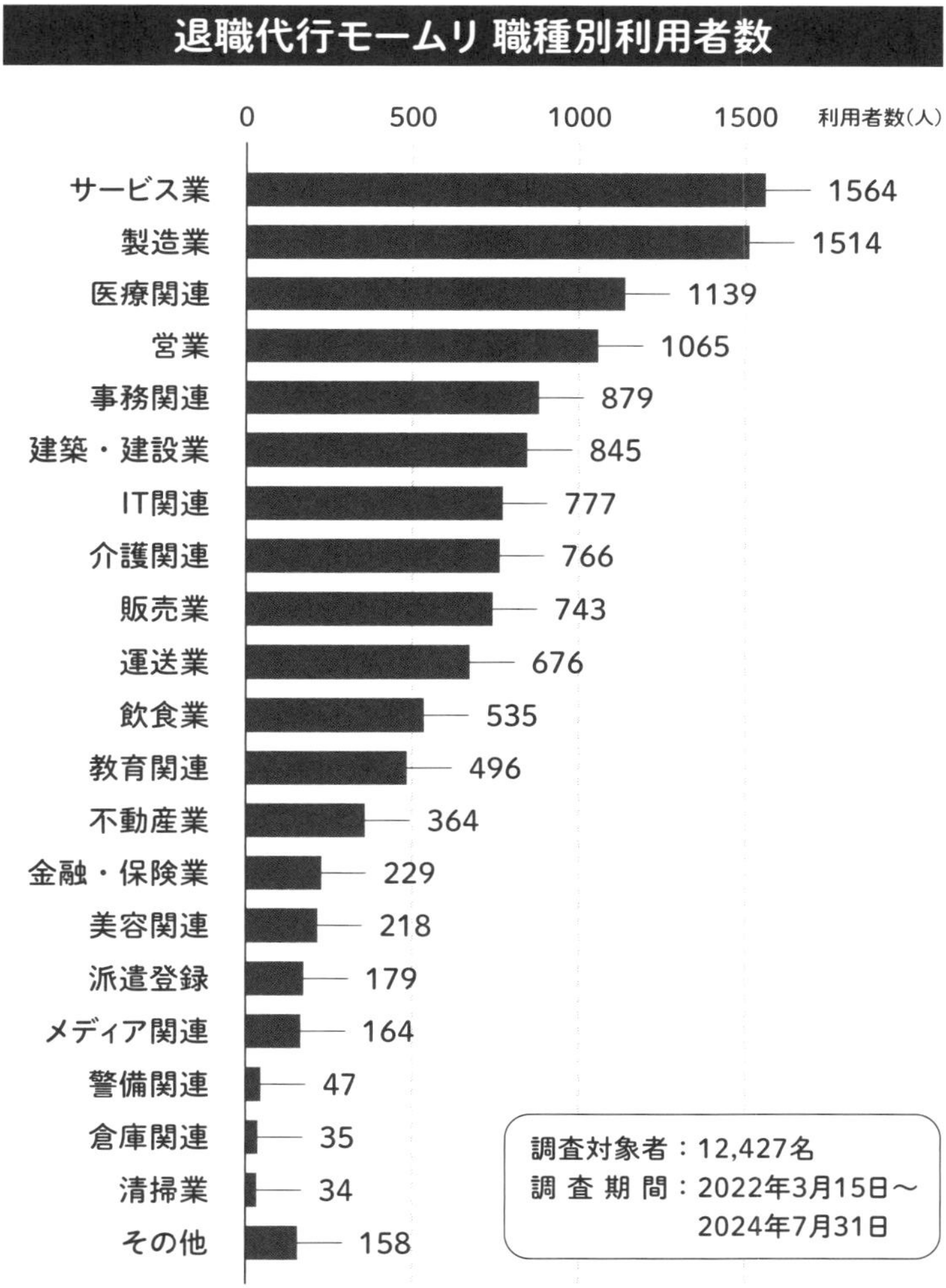

参考：株式会社アルバトロス　15,934件の退職代行モームリ利用者の極秘データ公開（2024年）

次にどんな年代の利用者が多いのか。

当社では圧倒的に**20代の利用者**が多いです。しかし、最年少は15歳、最高齢は74歳と、幅広い年代で利用されています。

20代が群を抜いて多い理由のひとつが、SNSやYouTubeで退職代行の存在を知っていることにあると考えています。

また、性別の差もほとんどなく男女ともに利用されていることも特徴と言えます。

最後に、勤続年数別の利用者数ですが、驚くのが**約4割の人が1~6か月**の極めて短い勤続年数で退職をしていることです。次いで約2割の人が1か月未満での退職となっています。

半年未満の場合、「誰に退職を伝えればいいかわからない」「相談できる上司がいない」「退職を断られそう」という理由から、退職代行を利用していると考えられます。

紹介したデータからもわかるように、退職代行というサービスそのものが浸透していることがわかります。

実際当社のサービスだけではなく、退職代行サービスを開始している他社も多く存在します。しかし、こうした流れはむしろ労働者にとってプラスに働くと私たちは考えています。

退職代行を使われた会社は、少なからず２つのダメージを受けます。

ひとつは人が離職してしまうダメージ。

そしてもうひとつは、「退職代行を使ってまで辞めたかったんだ」という自社に問題があった、と気づかされるダメージです。

退職代行を使って何人も辞めている、いわゆるブラック企業も存在しますが、こうした企業は実際人がどんどん辞めていくので会社の体質を変えざるを得ません。

実際に以前はブラック企業体質でしたが、労働環境を整え離職が少なくなった企業も存在します。

退職代行をきっかけに労働環境、ひいては会社と労働者との労務関係が良好になれば、いずれ退職代行というサービスはなくなるでしょう。

しかし、それでいいのです。

むしろそうなる未来が私たちにとっての**理想の社会**なのです。

退職代行の流れ～依頼から退職完了まで～

ここまで話してきて、「どんなふうに退職代行が行われているのか、興味がある！」と思った人もいるかもしれません。

そこで、当社の場合の退職代行の流れを紹介します。

①LINE・電話・メールによって依頼が来る

相談者から退職代行を利用したい旨の連絡が来ます。

そのほとんどがLINEによるものです。やりとりが文章として残るため、当社としてもLINEを推奨しています。

現在の状況を伺い、「退職代行を依頼したい」という思いを改めて確認し、契約へと進んでいきます。

②契約～ヒアリングシート作成

契約が完了すると、当社から相談者にヒアリングシートと呼ばれるアンケートを送付します。ここでは、個人情報、会社情報、退職理由、貸与物の有無など約50項目に答えていただきます。あわせて今後の流れを担当者から説明します。

③承諾・お支払い〜会社への連絡

ヒアリングシートを確認し、退職へ進むことに問題がなければ相談者からお支払いをいただきます。

ここまでくれば、あとは退職代行者の出番です。予定日に会社へ連絡を行います。

④退職

会社に電話をかけ、

・○○様の代行で電話をかけていること
・即日退職を希望していること
・貸与物があれば返却すること
・今後本人への連絡は一切控えてほしいこと

を伝えます。電話後のリアクションは本当にさまざままでです。

「ああわかりました。この後の手続きを教えてください」とあっさりとしている場合や、「そんなこと言われても困るよ、本人を出してくれ」という場合、さらには「退職させないからな」という高圧的な場合まで、さまざまなやりとりを行います。

特徴的なことといえば、いじめ・ハラスメントがあった場合は話がすぐに済むことが多いものです。「一刻も早く電話を終わらせたい」となるのは、やはりハラスメントの自覚がある会社なのでしょう。

一方で意外と多いのが、**嫌がらせに似た行為**をしてくるパターンです。

例えば、「本人の声を聞かないと安否が心配だから、一度電話口に出させてほしい」「このままじゃ警察に捜索願いを出さなきゃいけないから、家に張り込ませてもらいますね」と言ってくる人もいます。

当然これらは許されるべき行為ではありませんから、私たちは毅然とした態度で「そのような行為は了承できません」と答えています。

ちなみに「給料は絶対に手渡しじゃないと渡さないから」という企業もいます。

実は法律上、給与は現金手渡しで行うことが明記されているため、唯一企業からできる意地悪になります。そのため、このようなことを言われた場合、相談者は給与を諦めるか、手渡しでもらうしかありません。

いずれにしても退職代行を利用するには、このような**相談者側のリスク**もあることをわかったうえで利用してもらいます。

これら一連の流れがスムーズにいく場合、依頼を受けてから最短20分前後で退職することも可能です。

「あんなに悩んでたのにこんなに早く退職できるなんて……」と言う人もいます。

もちろん、これは問題がなかったケースで、電話口で話し込むケースや、残念ながら暴言等を吐かれるケースもあり、一概には言えないのが実情です。

無断退職より、よくない？

「退職代行を使って辞めるなんて、会社側からすると立つ瀬がない」「会社にとってデメリットしかない」そんなふうに言う人も多くいます。

しかし、私たちは少し違った印象を持っています。

前述した通り、退職代行を使われることは会社全体にとってダメージを受けます。昨年、当社でも初めて他社の退職代行を使って退職する事例が発生しました。こちら側としては誠意を尽くしていたつもりでも、それが届いていなかった。他に何か取り得る手段があったのではないか。私自身そう思ったことも確かです。

しかしその一方で、無断退職と比較すると、退職代行を使われたほうが**はるかにメリットがある**と感じました。

例えば、会社からパソコンやユニフォームなどの貸与物があった場合、これらは返却してもらわねばなりません。あるいは保険証も返却してもらう必要があります。無断退職となると、これらの退職手続きが滞ることになります。

特にパソコンを貸与している場合、セキュリティ上の問題にも発展します。連絡がつかなければ、退職手続きをするべく社員の自宅を訪問することも必要になるでしょう。時間も手間もかけなければなりません。

こうしたとき、私たちのような退職代行業者が間に入ることで、淡々と必要な手続きを進めることができます。

辞める側からすれば、やはり会社側とのやりとりは避けたくなるものですし、逆に会社側からすれば「一言もの申したい」など、わかってはいても感情的になる場合もあります。

私たちのようなどちらの側にもつかない中立の立場というのは、実は**トラブル回避の観点からもとても重要**なのです。

これは余談ですが、退職代行を使われたと聞いて電話口でついヒートアップしてしまう担当の人がいます。辞めた張本人がいないわけですから、怒りや悲しみのやり場がないのでしょう。

私たちはそういった場合も口を挟まずただ聞くようにしているのですが、不思議なものですべて言い終わると「あなた方に言っても仕方ないですよね、すみません……」とハッとする人が何人もいます。

誰かに話を聞いてもらうと、自分自身の中で整理できることってありますよね。

そうした効果がこの退職代行と会社側のやりとりでも十分起こり得るのだと感じて

います。

もちろんこれは主なテーマではありませんが、やりとりをすることで会社側の人々のメンタルケアの一端を担っているのではないか、と日々思いながら私たちは業務に取り組んでいます。

退職代行は使われた会社の未来をも救う

本章の冒頭で、退職代行の利用は会社に少なからずダメージを与えるとお話ししましたが、実は逆に退職代行を利用したことで、会社の不正を暴くことができた、ひいては、大事にせず、**会社側にメリットを与えた**ケースもあります。

2つご紹介しましょう。

ひとつは、全国に支社を展開しているような大手企業のケースです。

「とある支店の支店長からのセクハラがひどく、辞めたい」という20代後半の女性からの相談でした。

早速私たちは通常通りの手続きに沿って退職代行を進めていきました。

そして電話で退職代行の話をする段になり、支店に電話をかけると

「人事に関することは本社で承っているので本社の人事部にかけ直してほしい」

というのです。そこで私たちが人事部に電話をかけると、

「支店長がしていた話とは違っていました。女性側の話が聞けてよかったです」

とのこと。

「最後に女性に何か伝えたいことはございますか？」と聞くと

「こちら、問題解決ができず申し訳ありませんでした。いただいたお話をもとに社内調査に移り、厳正に処分を検討させていただきます。とお伝えください」

という返答だったのです。

その後、支店長がどんな処分をされたのかはわかりませんが、依頼者の一声が**ハラスメントをなくすひとつのきっかけ**になったのは間違いありません。

もうひとつも、大手企業のケースでした。

本社と各店舗が数十社あり、依頼者は現場の作業員だったのです。話を聞くと、これまで1年以上にわたりサービス残業をしており、会社にかけ合っても無視され続けたと言います。

再三にわたって残業代の支払いを求めましたが、一向に取り合ってもらえなかったため、退職代行を使っての退職に踏み切ったのです。

本人は残業時間をすべて記録しており、労働基準監督署に駆け込むこともできたと言います。しかし、それをせずに穏便な解決を望んだのです。

指示に従い本社の人事に退職の旨を話すと、本社は驚いた様子で

「残業代以上の額をお支払いするので、本人にくれぐれも丁重に謝罪してくれないか」

という答えでした。

どうやら、本社側も現場でそれほどまでにサービス残業が発生していたなんて把握していなかった様子。しかもそれらがメディアなどで表立ってしまうと、**会社のイメージダウン**に直結します。

おそらく依頼者以外にもサービス残業は横行していたはずです。

そうした会社の労働環境もまた、この一件で変わっていくことでしょう。

そういう意味で会社側も、退職代行を利用されたことで**社内にある不正や不備**に気づくことができたのです。

２つのケースはいずれも、本社機能と現場の両方が存在する企業でした。大手企業は社外に与える影響やリスクにも敏感です。それこそ、悪いニュースのせいで株価が下落したら大事です。だからこそ、こうした正しい対応をとってくれるのでしょう。

一方で会社規模が小さい場合、どうしてももみ消されてしまう場合もあります。さまざまな会社を見ているからこそ、会社の体制、体質などに気づけるのです。

退職届

退職回数&退職理由で転職は不利になる?

よく、「退職回数&退職理由で転職は不利になりますか?」と聞かれることがあります。実際、退職回数が多かったり、退職理由がネガティブだと転職には不利と言われています。

退職回数においては、特に歴史のある企業や、終身雇用制度の文化が残っている企業だと、採用の最終決定を行う部長や役員に旧態依然とした考えが根付いていることが多いもの。こうした企業は、転職経験2回以上は書類選考でNGを出すこともあるようです。

「退職回数が多いことですぐ辞めてしまうのでは」という懸念を持つからです。

例えば、1つの職場で1年未満の期間しか働いていない場合が2~3回以上ある人や毎年転職している人は、短期間での転職が多いと見なされる可能性があります。

また、退職理由が曖昧だと、企業側は**転職の目的や熱意**が感じられず、応募者自身への信頼も失うことになります。

例えば、最初に「収入アップのために辞めた」にもかかわらず、次は「プライベートの時間が欲しくなって」など、一貫性のない理由で転職を繰り返している人も、説得力に欠けてしまいます。

また「上司は『やれ』というだけで、従業員の面倒を見てくれなかった」「あの会社は残業も多く、頑張りを全く評価してくれなかった」と、前職の企業や仕事に対して**批判的な発言**しかしない応募者も、企業側はまず評価しないでしょう。

忍耐力や協調性に欠けるおそれがあり、入社後に自社の悪口を言われる可能性を懸念するからです。

しかし、退職回数が多くても、しっかりと採用に至っている人材がいるのもまた事実です。

大切なのは、この会社で結果を出そう！　という**意欲を感じるストーリー**（**背景**）があること。そういう人であれば、転職回数が少し多くても企業側は気にしません。

例えば、20代でパティシエとして2～3回洋菓子店の転職を繰り返した人がいます。

1社目は専門学校を卒業してすぐに入社した洋菓子店店長のパワハラがひどく、違う洋菓子店に転職。しかし結局は似たような労働環境で、長時間労働も余儀なくされました。

それで「パティシエを辞めて、ホワイトな企業で働きたい」と、全く違う仕事にゼロからチャレンジして転職。入社して3年になりますが、今なお続けています。

実は、この人は当社の従業員の一人。自分と同じような過酷な労働条件で悩む人の力になりたいと考え、入社したのです。

面接では、「自分の辛かった経験を通じて味わった悔しい気持ちをバネにして、誰かのために貢献したい」だから、「ここでやりたいんです」と、強い思いを話してくれました。

23歳という若さでしたが、そんなに考えてくれているのなら当社としても応援したい、と思い即採用しました。

転職回数が多い人も同じです。

転職回数が多くてもそれを乗り越えられるストーリーが軸としてあれば、自分が望む職場で活躍できる可能性は大いにあります。

求めら れるニーズに応えることができれば、欲しいという企業は必ずいます。何回も転職を続けていることは、さまざまな経験をしている証でもあるからです。

これまでの退職回数・理由は今さら変えることができません。

だから、そこを一生懸命どうしようかと考えるよりも、それを**どう説明するか**を考えるべきです。相手が納得できる説明がしっかりできるようになれば、きっと重宝されるでしょう。

説明できないのは、何かを隠していたり、不誠実なところがあるからだと思います。弱い部分も含めて、さらけ出して説明することができれば、必ず道は拓けます。

今や、人材は他社との奪い合いの時代です。「いいな」と思う人が2人もいるのであれば、無理をしてでも2人を取りたいという企業が増えています。

転職回数が多いと落ち込まずに、説明力をしっかり鍛えてチャレンジしてほしいと思います。

おわりに

今年1月、退職代行利用者数が過去最高の256件を突破し、大きなニュースになりました。ゴールデンウィークや夏休みといった長期休みの後にはこうした現象が見られます。

本書でも触れましたが、現在は在宅勤務や短時間勤務など、昭和・平成と比べると業務や働き方もぐっと自由度が増しました。

しかし一方で「仕事に行きたくない」と思う人がこれほどまでにいるんだ、という現実も痛感させられます。

さて、本書では、よりよいキャリアを積むための会社選びのポイントをお伝えしてきました。

ぜひ今後のキャリア形成に役立ててほしいと思う一方で、「たかが仕事なんだから、何か起こってもまぁ、いっか」という客観的視点もまた持ってほしいと思います。

おわりに

人生の中で多くの時間を費やす、仕事。しかし、みなさんの人生は当然ながら仕事のみで彩られているわけではありません。家族や友人との時間。ペットとの時間。趣味の時間などなど、さまざまな時間があなたをつくっているはずです。

それなのに「たかが仕事」のことで悩んだり、イライラしては実にもったいないと思うのです。

この「たかが」という言葉はさまざまなところで使えます。

あの上司も会社を離れれば、たかがおじさんでしかない。

このミスは、たかがミスなんだから次からまた頑張ればいい。

たかが小さな会社、他にもたくさん会社はある。収入を得るための仕事は他に山ほどある。

そんなふうに思うと、仕事上で起こることも何だかちっぽけなことに思えてきませんか？

まさに「まぁ、いっか」の精神で仕事に向き合うことが、キャリアを積み上げていくもうひとつの重要なキーなのです。

本書ではまた、完璧な会社はないとお伝えしました。

それならどうすればいいか？　答えは、会社を完璧なものにすることではありません。働く従業員側がある程度、会社を「まぁ、いっか」と受け入れる心の広さを持つことだと私は思います。

最近の若い世代は、特にタイパ・コスパを大事にすると聞きます。それも業務効率化のため、時間を無駄にしないためには大切なことでしょう。

しかし、それは一方で回り道や寄り道ができない、つまり、最短距離しか知らないことでもあります。

他のルートを知っていれば、「こっちの道から行ってみよう」ということもできますが、タイパ・コスパ至上主義では「他の道は時間がかかるからやめよう」「だからこの会社は辞めよう」という直線的な思考になってしまいます。

若いときにそうした考えでは自分のルートを広げることが難しくなります。

「まぁ、いっか」の精神には実は自分を成長させる、別ルートが潜んでいることをぜひ忘れないでください。

おわりに

本書を書くにあたっては、今まで自分が労働者として学生時代に行ったアルバイトや、10年間勤務した前職、そして退職代行で携わった3万名を超える依頼者の経験談を基にしてきました。

経験を語る本や動画は多く出ていますが、3万を超える離職データを基にした話は聞いたことがありません。それだけ我々が持つこの退職代行の利用実績とデータは、貴重なものだと思っております。

働くことや退職に関しての問題は尽きることはなく、さらに多くの考えが違う人が絡み合う問題のため、非常に根深いものになっています。

そういったときに本書に載せた同じような悩みを持った方々の実例を見て、「苦しんでいるのは自分だけではない」と思うことで、少しでもお役に立てればと思います。

最後に、みなさんにとって本書が少しでも労務環境のよい企業へ勤めることができる足がかりになることを、切に願っております。

谷本慎二

著者　**谷本慎二**（たにもとしんじ）

株式会社アルバトロス代表取締役
退職代行モームリ代表

1989年、岡山県生まれ。神戸学院大学卒業後、東証一部上場企業に入社し、サービス業に従事。入社５年でエリアマネージャーに抜擢され、約10年の勤務を経て退職。その後、2022年２月に株式会社アルバトロスを設立する。同年３月には退職代行サービス「退職代行モームリ」を開始。2025年現在、依頼件数は３万件を突破し、業界最大手となる。海外を含むメディア出演は500社を超え、離職率低下のための講演も多数行っている。

編集協力　掛端 玲
デザイン　早坂美緒
校　　正　滄流社
編集担当　豊岡ひなた

もう、無理　間違いだらけの会社選び

発行日　　2025年５月５日　第１刷発行

著　者　　谷本慎二
発行者　　清田名人
発行所　　株式会社内外出版社
　　　　　〒110-8578 東京都台東区東上野2-1-11
　　　　　電話 03-5830-0368（企画販売局）　電話 03-5830-0237（編集部）
　　　　　https://www.naigai-p.co.jp
印刷·製本　中央精版印刷株式会社

　ISBN978-4-86257-734-4